四川料理のスゴい人

自宅でつくる
本格中華レシピ

人長良次

GENIUS OF SICHUAN CUISINE

はじめに

料理って「これをやるだけで
グッとおいしくなる」ポイントがあるんです。

　プロが厨房でつくるチャーハンを素人が再現するのは難しいと言われています。おうちではお店のような火力は出せないからですね。

　でも、自宅のキッチンの火力でも「プロ並みの味」に仕上げる方法はあるんです。

　この本では、本場の四川料理に近いものを自宅で再現する方法をいろいろと考えて書いてあります。なんでかというと、四川料理をもっと身近に感じてほしいからなんです。

　四川料理のお店は日本中にいっぱいあるし、麻婆豆腐やエビチリ、回鍋肉なんてオカズの定番としてよく食べられていると思うんです。なのに、家でちゃんとつくろうと構えたとたんに「はて、そもそも四川料理ってなんだろう?」ってなってしまうことはありませんか。

　四川料理というと、まず「麻婆豆腐」「エビチリ」あたりを思い浮かべると思うんです。でも、「もっといろいろな四川の家庭料理があるんだよ。自宅でも本格的な四川料理が食べられるんだよ」ということを、お伝えしたいのです。僕というフィルターを通して、本場の四川料理を知ってもらう。身近なものとして感じてもらう。これは一貫してブレずに思っていることです。

　では具体的に、お店で食べるような本格的な四川料理は、どうやったら自宅で再現できるのでしょうか。たとえば青椒肉絲のピーマンも、お店の厨房の火力で一気に炒めれば、シャキシャキした歯ごたえに仕上がります。でも、これは自宅のキッチンの火力では難しい。だから、ここではフライパンでいちど炒めたものをお皿に移して炒め直すという方法をとっています。炒飯も、卵をあえて半生のオムレツ状にすることで、ご飯とのコンビネーションを取りやすくしています。

　また、四川料理に欠かせない調味料はたくさんありますが、日本で手に入りやすいもので代用することもできます。たとえばチューニャン（酒醸）という調味料があります。これも僕が修行時代にチューニャンを舐めたときの第一印象が「これもう甘酒じゃん」だったこ

火加減レベルアイコンの見方

本書では、各調理工程において火加減を下記のアイコンで示しています。実際の調理の際のご参考にしてください。

トロ火 ●||| 　　　弱火 ●●|| 　　　中火 ●●●| 　　　強火 ●●●●

とを思い出し、甘酒で代用することを思い付きました。

　火の使い方や食材の準備のしかたなど、僕がお店でやっていることを別の方法で考え直したり、僕が休みの日に家でやってることをそのまま取り入れています。お店の設備じゃないと本格的な四川料理はつくれないと思い込んでいた部分は、意外と簡単に解消できたのです。

　料理ってちょっとしたことで大きく変わるんですよね。「これをやるだけでグッとおいしくなる」ポイントがあるんです。その、必ずおいしくなるポイントを知っていると料理が楽しくなります。これは、なんというか「おまじない」みたいなものです。

　どうしてもやっぱり「本格的な中華料理・四川料理」となると、とっつきにくいというか、自分の家じゃできないという先入観が強いと思うんです。油は多いし、跳ねるだろうし、火力も弱いし、なんだかよくわからない調味料を入れるんだろうなと。僕も、中華料理をやるまでは敷居が高い世界なのではと思ってたので、その気持ちはよくわかります。

　でも、この本をきっかけに、なにかひとつ調味料を用意してもらえば、それをスタートにしていろんなものがレパートリーとしてつくれるようになります。自宅でちょっと本格的な料理をつくってみて、それがおいしかったら、めちゃくちゃ楽しいと思うんです。ひとつの調味料で、ワンポイントのコツで、思った以上の結果を出せたらうれしいと思うんです。高いと思っていた敷居を越えるのが想像以上に簡単だったら、どんどんその先に進みたくなると思うんです。ちょっとした「料理のおまじない」でおいしくなる理屈がわかると、中華料理をもっと身近に感じられると思うんです。僕はそれが最高だと思っています。

　なので、この本では「なぜそうするとおいしくなるのか」という理屈を、ところどころで説明したいと思います。

　この本の内容は、食のWEBマガジン『メシ通』に掲載したものを大幅に加筆・修正し、またそこで多くの読者から反響を得られたことをもとに、新たなメニューも多く加えて執筆いたしました。皆さまの食卓が、もっと華やかになることを祈って。

人長良次

CONTENTS

CHAPTER 01.
「麻」の章

四川といえば麻辣シビ辛料理。さわやかなのに超辛い。
麻辣の「麻」はシビレ味です。
中国の山椒「花椒」をふんだんに使った遠慮のないシビレと
唐辛子の辛さのハーモニーは、四川料理を代表する刺激的なうまさ。
麻婆豆腐などなど「麻」料理をつくってみましょう。

四川麻婆豆腐

人長良次の四川麻婆豆腐

高級な材料を使わなくてもおいしくつくることができるのが麻婆豆腐。
本場・四川風の麻婆豆腐はとんでもなくシビレて辛いのに、なぜかどんどん食べちゃいますね。
おうちのキッチンで、弱い火力と市販のフライパンで、プロ並みの味を再現する方法です。

材料
（2人前）

[工程①ひき肉・豆腐の下ごしらえ]	[工程②麻婆豆腐の味つけ]	◉鶏ガラ中華スープ　100cc×2回
◉油　大さじ1	◉油　大さじ1	◉醤油　小さじ1
◉豚ひき肉　100g	◉唐辛子　適量3本くらい	[工程③ひき肉・豆腐で仕上げまで]
（他のお肉でもOK）	◉ニンニク　小さじ1	◉長ネギ　1/2本
◉醤油　大さじ1/2	◉ショウガ　小さじ1/2	◉片栗粉（1:1の硬めの水溶き）
◉甜麺醤（テンメンジャン）　大さじ1	◉豆板醤　大さじ1	大さじ3ほど
◉豆腐　1丁	◉酒または水　大さじ1	◉ニンニクの芽　適量
◉塩　ひとつまみ	◉トウチ（トウチジャン）　大さじ1	◉油　大さじ2
（ボイルして水抜きするため）	◉一味唐辛子　小さじ山盛り3杯	◉自家製ラー油
	（各自調節する）	ひとまわし（※P68参照）
		◉花椒　思いっきり

材料の下ごしらえをしましょう。まずはネギをみじん切りにします。中国ではみじん切りを「末（モォ）」といいます（※124p参照）。細かく切ると香りが出やすくなり、火の通りもよくなります。このみじん切りは薬味として後半に入れます。軽く火が通ったネギって、おいしいんですよね。

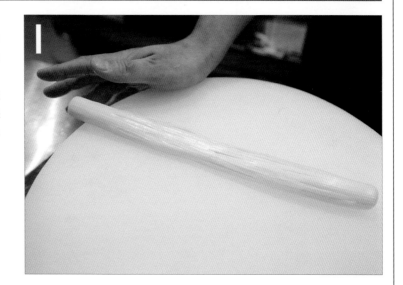

目入れをします。ネギをくるくる回しながら刃を入れていくことで、縦方向に切れてプサプサになります。これでみじん切りがしやすくなるわけです。ネギは層になって重なっているので、このように目入れをするだけで中がバラけてくれるのです。あとは繊維を断ち切る方向に刻むだけで細かいみじん切りになりますね。もちろん100円ショップのみじん切りの道具でもできますよ。

3 刻みます。この作業は、リズムがとても大事なんです。リズムが取れているとノールックで切れるし、なにより疲れにくいんですね。

4 このネギがすっごくおいしいんです。ネギのみじん切りは四川料理でよく使います。このみじん切りのやり方を覚えておくと、いろいろと使えて楽しいですよ。ちなみにお店だとこんなふうに刻んであるネギを大量に用意しているので、すくってポイで使えます。

5 そしてニンニクの芽の下ごしらえ。ニンニクの芽はまな板の上で包丁をニンニクの芽に押しつけてつぶし、香りを出やすくします。ちょっとした作業ですが、香りを楽しむ料理である麻婆豆腐には大切な工程です。

そぎ切りにします。なんのためにこの切り口で包丁を入れるかって、味じゃないんですよ。香りを入れたいんですよ。そぎ切りにすると、断面積が大きくなるので香りが出やすくなるんですね。包丁で組織を押しつぶして壊し、そぎ切りで断面を大きくしているので、強い香りが出ます。

ひき肉は豚、牛、合びき、なんでもオッケーです。僕は豚肉が好きなので、今回は豚を使っています。そもそも麻婆豆腐は、老いた水牛の肉でつくったという説もあります。質の低い材料でもおいしくつくることができるのが麻婆豆腐なんです。これで肉味噌をつくるんですが、麻婆豆腐の具材をわざわざ一度調理してから使うワザが四川独特ですね。

肉味噌を作ります。フライパンにサラダ油を大さじ1。ひき肉100gを炒めます。熱が通るとほぐれなくなるので、生のうちに細かくつぶしてあげてください。

火加減レベル　強火　❙❙❙❙

9

火 を止めて、醤油を大さじ半分。甜麺醤を大さじ1。それから火を点けて、お肉に味を吸わせるイメージで混ぜていきます。

火加減レベル　消火　▼　強火

注意! これは NG !

このときもまだひき肉がダマになっていますが、かたまりになっていると中の方に味が入っていかないので、味を入れる段階でも油断せずにどんどんつぶして細かくしていってください。

10

白 っぽい塊にはまだ味がついてないので、それらをつぶして満遍なく炒めたら、お皿に移しておきます。油が透明になってきたら、肉に火が通った目安。油がにごってるうちは水分があるんです。水分が蒸発すると、底の油が透き通ってきます。でも、あまりカリカリにしすぎないようにしましょう。

11

肉 味噌は、前もって作っておいてもいいです。ひき肉が特売のときに買って、たくさん作って冷凍しておきましょう（※P38参照）。野菜と炒めたら抜群においしいですし、担々麺の上にのせてもいいですね。使い勝手がいいので、まとめて作って小分けして冷凍保存しておくのがおすすめです。

豆腐は絹でも木綿でもオッケーです。お店で使っているのは絹豆腐ですが、お家でつくるなら木綿にしておくと失敗しにくいでしょう。今回も木綿を使っています。

豆腐を切っていきます。およそ1.5センチ角のサイの目切りです。水分が抜けて、味が入るのにちょうどいいサイズはこれくらいかなと。ちなみに中華のまな板って丸いじゃないですか。だから切りにくかったら具材じゃなくてまな板を回すといいポジションをとれるんです。豆腐みたいに崩れやすい具材を切るときはホントに便利ですね。

切った豆腐をボイルします。目的は豆腐の水分を抜くことと、温めること。沸騰したお湯に豆腐の水分を抜くための塩をひとつまみ。ここはドバーと豪快にいきましょう。

火加減レベル　　強火　　●●●●

15

せっかく豆腐をきれいに切ったので、お湯にそっと入れましょう。豆腐を滑らせて落とすというよりは、その場からお皿だけを抜き取るイメージ。豆腐を入れるときにワチャワチャーッと重なると、豆腐が崩れやすくなりますからね。豆腐がお湯のなかで踊ってきたら、そろそろオッケーです。

火加減レベル　　強火　　●●●●

16

冷蔵庫から出してすぐの冷たい豆腐だと、豆腐に火が入る前に麻婆豆腐のスープが蒸発してしまうんです。ボイルしておけば、豆腐があったかいままで調理できるんですね。このひと手間を入れた方が、おそらく家庭でも失敗しにくいと思われます。

17

ザルに上げて水を切っておきます。豆腐は、なるべくフライパンで炒める直前にボイルしてください。なんでかっていうと、冷めてしまうと豆腐同士が結着しちゃうんです。せっかくきれいに切ったのに、塊になったら残念ですもんね。

さあ、いよいよ麻婆豆腐の本番開始です。熱したフライパンに油を大さじ1入れて、と。はい、まずは唐辛子を炒めます。鷹の爪の輪切りでもいいですよ。ここでは油に香りをつけるのが目的なので、辛さの調節は、あとで一味唐辛子で行います。

火加減レベル　　　弱火　●●○○○

火を止めて、ニンニクを小さじ1、ショウガ小さじ1/2、豆板醤を大さじ1。レシピなので正確っぽく言ってますけど、分量なんてフィーリングでいいんです。それが自分ならではの麻婆豆腐の味になるんです。

火加減レベル　　　消火　○○○○○

ご家庭ではニンニクとショウガはチューブのもので大丈夫!ニンニクは買うと高いですし、全部使い切らないから、気づくと冷蔵庫のすみでカラカラになってたりしてね（笑）。やや香りは落ちますが、チューブのニンニクでも十分です。

21

こ の工程ではとにかく焦がしちゃ
　 ダメ。 なので、 食材を焦がさ
　 ないための水分ここでを入れ
ておきましょう。 水でもいいんですけど、
酒のほうが香りがいいので、 今回は酒を
入れます。 大さじ1です。

火加減レベル　　弱火　　◖◖◗◗

22

二 ンニク、 ショウガは炒めないと
　 香りが出ません。 豆板醤も弱
　 火でじっくり炒めないと、 赤い
色と辛みと香りが出ないので、 ここは弱火
でしっかり炒めます。 どんどん色が変わっ
て香りがじゃんじゃん上がってくるので、 こ
のへんはやってて楽しい作業だと思います。
楽しいけど、 焦げないように注意ですよ。

火加減レベル　　弱火　　◖◖◗◗

23

豆 鼓（トウチ）を大さじ1。 これ
　 は豆鼓醤（トウチジャン）でも
　 オッケー。 一味唐辛子は小さ
じ山盛りで3ですが、 ご自身でお好きなよ
うに辛さは調整してください。

火加減レベル　　弱火　　◖◖◗◗

な んで一味唐辛子をあとで入れるかというと、焦げやすいからなんです。また、豆鼓はいっぱい入れてあげるとおいしいですよ。もちろん瓶入りの豆鼓醤でもいいです。

注意！ これは NG！
一味唐辛子の粉は乾燥していますね。豆鼓や豆鼓醤も糖分があるんです。焦げやすい材料なので遅めに入れて、入れたらすぐに水分を追加して、とにかく焦がさないのが大事な工程なんです。

火加減レベル　　弱火　●●●●●

炒 めて、ちょっと香りが出てきたらすぐに鶏ガラ中華スープを入れます。とにかく焦がすのがいちばんダメなんで、早めに水分を入れるんですね。あとでまた調整するので、まずはだいたい100ccです。

火加減レベル　　弱火　●●●●●

醤 油を小さじ1杯入れて。ここでちょっと、味見してみましょう。こまめに味見をしておけば、失敗しにくくなります。

火加減レベル　　弱火　●●●●●

27

そしてここで、先ほどの肉味噌を入れます。ささっと混ぜて、バラけさせましょう。これまではただ辛そうなスープみたいな見た目でしたけど、肉味噌を入れることでやっと麻婆豆腐っぽい感じになってきましたね。

火加減レベル　　弱火　　●●○○

28

ボイルしておいた豆腐を入れます。冷めないうちに、というのが重要です。豆腐が壊れないようにソフトに混ぜまして、中火にします。

火加減レベル　　中火　　●●●○

なぜおいしくなるの?

冷たい豆腐を入れてしまうと、豆腐が温まるまで時間がかかります。するとその間にスープがどんどん蒸発してしまって、味は濃くなるわ、量は減るわでイイこと無いんですね。あと、ボイルした豆腐をそのままにしておくと、豆腐同士がくっついちゃうんです。

29

ここで残りの鶏ガラ中華スープを追加します。100ccです。ぜんぶで200cc入れたことになります。スープを2回に分けて入れる理由は、いちどに入れてしまうとシャバシャバになって作りにくいからですね。それに、味を見ながら少しずつ追加していくと、失敗もしにくい。少し水分が蒸発してきたら足していく、みたいなイメージですね。

火加減レベル　　中火　　●●●○

味見をして。 これで味が決まりました！ 味が決まったら、先に刻んでおいた長ネギを1/2本ぶん、ドサッと入れて。 このタイミングでネギを入れるのは、あまり火を通したくないからです。 火を通しすぎたネギは香りも飛んじゃうし、溶けちゃいますもんね。

火加減レベル　　中火　　〓〓〓〓

硬めに水で溶いた片栗粉の登場です。 まず大さじ2杯くらいから入れてみようかなー。

火加減レベル　　消火　　〓〓〓〓

ここ、大事なポイントです！ 片栗粉を入れるときは必ず火を消してください。 片栗粉は熱でダマになってしまうことが多いんです。 入れたらいったん混ぜてください。 混ぜてから火をつける。 これでとろみが付きます。

火加減レベル　　消火　　〓〓〓〓

33

そ　してニンニクの芽をこのタイミングで入れます。香りがメインの具材なので、加熱時間を長くしないためです。

火加減レベル　中火　■■■■□

34

と　ろみが足りなかったら、また火を止めて水溶き片栗粉を追加していきます。結局、水溶き片栗粉はぜんぶで大さじ3かな。水溶き片栗粉って、タイミングを間違えたらおしまいじゃなくて、少しずつ追加してもいけるんです。けっして1発で決める必要はないんですよ。

火加減レベル　消火　□□□□

35

片　栗粉を硬めに打ったら、鍋肌から油を大さじ1杯、くるーっと流し入れます。なんでかっていうと、麻婆豆腐の豆腐って、焼かなきゃいけないんです。焼くことによって、さらに香りが出てくるんです。

火加減レベル　強火　■■■■

麻

婆豆腐って、じつは煮物じゃなくて炒め物なんですね。今回はフライパンを使用していますが、中華鍋の場合だと、下にしっかり焦げ目がつくくらいまで焼くんですよ。仕上げとして、最後にしっかりと無駄な水分を飛ばしてあげることが大事なんです。

火加減レベル　　強火　　●●●●

ち

ょっと硬いかなと思うくらいに仕上げるのがポイントです。見極めとしては、まわりがグツグツするくらいまで。こうして強火で焼くことによって、香りが全体に回るんですね。ここをちゃんとやれば、ずいぶんおいしくなります。

火加減レベル　　強火　　●●●●

片

栗粉って、ちゃんと焼いて火を通さないといけないんですよ。できてしばらくたった麻婆豆腐から水が出てきてしまう理由は、まだ片栗粉が「生」だからなんですね。片栗粉が生のままだと、また水に戻っちゃうんです。

火加減レベル　　強火　　●●●●

39

こうやって片栗粉を硬めに打って、油で伸ばすことによって、しっかりと豆腐は焼けて、香りも出てくるし、片栗粉にも火が通る。中華料理では「煎（ジェン）」といって、焼くことがとても大事なんですよ。片栗粉でとろみをつけたはずなのに水っぽくなっちゃうのは、加熱が足りないからなんです。

火加減レベル　　強火　　❚❚❚❚

40

火を消して最後の仕上げに自家製ラー油（※68p参照）をひと回し。市販のラー油でももちろんオッケーですが、その場合はできれば、いいラー油を使ってください。仕上げに入れるものなので、そのまんまの味が出てしまいます。自家製の特製ラー油だったら香りも複雑で、辛みも十分なので、仕上がりがまったく違ってくると思います。

火加減レベル　　消火　　❚❚❚❚

41

お皿に移したら、最後にこいつの登場です。花椒（赤）です。粒のままでは香りが出ないので、ミルで挽くか、包丁で刻むなどして欲しいです。もちろん粉末でもいいですよ。

中 途半端が！ いちばん！ おいしくないっ！ 「ちょっとだけ」なんて、スパイスを入れる意味がありません。 ここは思いっきりいきましょう。 そもそも麻婆豆腐にはいろんなスパイスが入っていますので、 ちょっとだけ入れても他の香りや刺激に負けてしまいます。 十分と思ったところから、さらに追加するくらいの気持ちで花椒をかけていきます。

完 成しました。 赤くて熱くて辛そうですよね。 もちろん香りも十分に出ています。 我ながらおいしそうな仕上がりになりました。

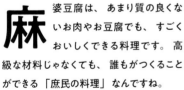 注意! これは NG !

鷹の爪をまるごと使っていますが、まあこれは香りを出すためと、 見栄えをよくするためのものなので、 無理して唐辛子をたべることはありません。 僕は食べちゃいますけど、 もちろん辛いものなので、 小皿にどけながら食べ進めることをおすすめしますよ。

麻 婆豆腐は、 あまり質の良くないお肉やお豆腐でも、 すごくおいしくできる料理です。 高級な材料じゃなくても、 誰もがつくることができる 「庶民の料理」 なんですね。

四川火鍋

やみつきになるシビレと辛さ　四川火鍋

真っ赤な麻辣スープで具材をしゃぶしゃぶして、うまみと酸味のタレで
「かっらーーー!」って言いながら食べるのがおいしい、楽しい四川火鍋。
材料を順番に入れるだけの手軽なレシピです。安心してください。

材料 (2人前)

【ステップ1】
◎サラダ油　大さじ4
◎花椒（ホール）　大さじ1
◎鷹の爪　10本
【ステップ2】
◎豆鼓　大さじ1（豆鼓醤大さじ1.5でも可、塩分など要確認）
◎豆板醤　大さじ2
【ステップ3】
◎ニンニク（チューブ）　大さじ1
◎ショウガ（チューブ）　大さじ1
【ステップ4】
◎牛脂　5つ

◎ショウガ　太めに切る
（指1本ぶんくらいの束）
【ステップ5】
◎鶏ガラ中華スープ
（※粉末を水で溶いたもの　1000cc）
【ステップ6】
◎塩　小さじ2
◎醤油　大さじ1
◎一味唐辛子　大さじ3
◎料理酒（紹興酒）　大さじ1
◎ブラックペッパー　小さじ1
【ステップ7】
◎花椒（パウダー）　小さじ1
【ステップ8】
◎自家製ラー油　大さじ3（※P68参照）
◎自家製ラー油に沈殿した粉　大さじ3

【つけだれの材料】
◎黒酢　大さじ1
◎オイスターソース　小さじ1
◎ごま油　60cc
◎香菜（パクチー）お好みでトッピング　すりおろしニンニク、生唐辛子、揚げ玉など

【具材】
（※お好きなものを、それぞれ量はお好みで）
◎牛肩ロース
（すき焼き用、しゃぶしゃぶ用）
◎豚バラスライス（しゃぶしゃぶ用）
◎鶏団子（100g分を作る場合：鶏ひき肉100g、ショウガ小さじ1、

胡椒少々、塩2g、中華スープ大さじ8を小分けに、片栗粉小さじ2）
◎イカゲソ
◎春菊
◎白菜
◎レタス
◎エリンギ、しめじ、舞茸、きくらげ、えのき茸など
◎木綿豆腐（焼豆腐でも可）
◎もやし
◎中華麺
（乾麺、インスタント麺がおすすめ）

ほかに好きなものなんでも
（冷蔵庫の余りものがおすすめ）

鷹の爪は種も使うと辛くておいしいです。手で半分に割ってあげると辛みが出ます。ここで火を点けます。中火くらいでじっくり炒めて、辛みと香りを油に移してあげます。鷹の爪と花椒は焦げやすいので注意。辛いのがダメな人は、この花椒と鷹の爪の量を調整してください。

火加減レベル　　中火　　█████

注意! これは NG !
なんでこの順番で入れているかというと、「香りをちゃんと出すため」です。いきなりぜんぶ入れちゃうと、油に香りが移る前に花椒と鷹の爪がほかのものの水分を吸っちゃって、香りが出ないんですよ。

香りが出てきたらいちど火を止めて。ここに豆板醤大さじ2と豆鼓大さじ1を入れます。中火で、焦げないように炒めます。豆板醤の香りと辛みが立ってきます。ここでちゃんと炒めることでコクが出るんです。じゅくじゅくしてきたら次にいきます。

火加減レベル　　消火　　█████
　　　　　　　　▼
　　　　　　　　中火　　█████

自宅で作る楽テク
豆鼓は、刻んでいないマルのままのほうがおいしいですね。豆鼓がなくて豆板醤の場合でも同じくらいの量で大丈夫ですが、醤はいろいろと混ぜものが入ってるので、しょっぱくなければ大さじ1と半分でも大丈夫。味見してしょっぱければ、大さじ1くらいですかね。

火 を止めて、ショウガとニンニク、どっちも大さじ1ずつ入れます。チューブじゃなくて生のものがある人は、そっちをすりおろして使うことをおすすめします。火を点けてまた炒めます。

火加減レベル	消火	■■□□
	▼	
	中火	■■■□

なぜおいしくなるの？

火を点けたり消したりするのは、この作業の時間で焦がさないためですね。火鍋は絶対に焦がしちゃダメなんだけど、焦げやすいんですよね。ニンニクとショウガは最初から入れちゃうとどんどん焦げてしまうので、焦げないように後から入れるんです。

牛 脂を5個入れます。スーパーの精肉売り場でもらえるやつです。牛脂は融点が低いので、先に入れると焦げちゃうんですよ。なのでこのタイミングで入れるんです。コクと香りのパーツですね。牛脂が溶けたら針ショウガも入れます。絲（スー）に切ったショウガ（※p124参照）、指1本ぶんですね。

火加減レベル	中火	■■■□

鶏 ガラ中華スープはここで入れます。もちろん、市販品の粉末の鶏ガラスープとか、中華だしの素で大丈夫です。それを商品に書いてある規定の比率で水やお湯などで溶いたものを1リットル。スープが飛び散らないようにやさしく入れましょう。

火加減レベル	中火	■■■□

さらに、ここにお塩を小さじ2、お醤油大さじ1、料理酒を大さじ1。料理酒については、もし紹興酒が家にあれば、それを使ったほうがいいと思います。紹興酒の香りって、この料理にピッタリなんですよ。

火加減レベル　　中火　　●●●◗◗

このタイミングで一味唐辛子大さじ3、ブラックペッパー小さじ1。辛いのがダメな人は、この時点でこのふたつを調整してください。ブラックペッパーは粗挽きでも細挽きでもどっちでも大丈夫。ただ、パウダーの場合はダマになりやすいので、ゆっくり入れていきましょう。

火加減レベル　　中火　　●●●●◗

花椒は、ホールのものをミルやミキサーで挽いて、粉の状態にしてから入れましょう。小さじ1です。もちろん最初からパウダーで売ってる花椒を使ってもかまいません。挽きたての花椒って、とても香りがいいんですよ。

火加減レベル　　中火　　●●●◗◗

9

仕 上げにラー油を大さじ3。ここで味見をして、味付けは完成です。スープをつくるのはフライパンでやりましたが、味が完成したら食べる用の鍋に移しておきます。

火加減レベル　中火　■■■■

なぜおいしくなるの？
自家製のラー油を使う場合は、下に沈んでいる粉も使えます。辛みを増した人長バージョンの火鍋は、自家製ラー油と、沈んでる辛い粉をそれぞれ大さじ3ずつ入れるんです。

10

こ のスープだけでしゃぶしゃぶして食べてもオッケーですが、よりおいしく食べられるつけダレを作りましょう。オイスターソース大さじ1。黒酢大さじ1。ごま油はたくさん入れていいんですけど、まあ60ccくらい。これを混ぜて、お好みで香菜（パクチー）をのせる。これだけでつけダレは完成です。黒酢が辛味をマイルドにして、ごま油が激辛な具材をコーティングするので、ツルッと食べられます。

自宅で作る楽テク
トッピングは、ニンニクとか、生の唐辛子とか、揚げ玉みたいな違う食感のものもおいしいですよ。

11

火 鍋にめちゃ合う鶏の肉団子のつくり方です。鶏ひき肉100gにショウガを小さじ1、胡椒を少々、お塩を2g。肉を練っていくんですが、ちょっと練ったあとに中華スープを少し入れます。「中華スープを大さじ2入れて練る」を繰り返して、中華スープ大さじ8くらいまでやります。

握った瞬間にダラーッとなるくらいになったら、ここで片栗粉を入れます。ダレてるところを片栗粉で止めてあげるイメージです。片栗粉小さじ1を入れてちゃちゃーっと練る。これを2回くらいやるとちょうどよくなるかなと思います。

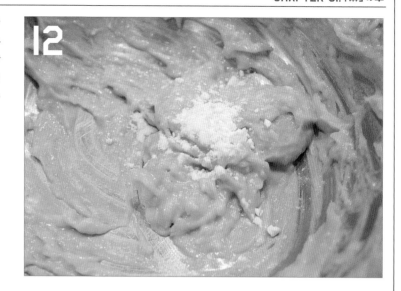

丸めていきます。練った肉を握って、指の間からこう絞っていくんです。親指で丸みを出してあげて、それをレンゲでしゅっとすくって。あまり大きいと火が通りにくいんで、ひとくちサイズで。お家につみれ用の竹筒がある人はそれを使っていただいてもいいし、スプーン2本で成型してもいいですよね。

なぜおいしくなるの?

スープを使って練ると、すごくふわっと仕上がるんですね。ガッシリとした鶏団子っていうよりは、ツルッと食べられちゃうタイプの肉団子です。熱々のものを、ハフハフッと楽しんで欲しいですね。

火鍋の具材はお好みでどうぞ。しゃぶしゃぶ用の牛肩ロース、豚バラ、鶏団子、イカゲソ、春菊、白菜、レタス、木綿豆腐(焼き豆腐)、もやし。きのこ類はエリンギやキクラゲがおすすめです。まあ、冷蔵庫の余りものはたいてい使えるので自由に楽しんでほしいです。火鍋が煮詰まってスープが足りなくなったら、中華スープを足せばオッケーです。

自宅で作る楽テク

シメは中華麺、それもインスタントの乾麺がおすすめです。乾麺の方がスープを吸ってくれるので、めちゃおいしくなるんですよ。

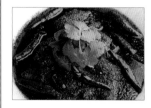

水煮牛肉

四川を代表する濃厚な旨味
牛肉の唐辛子煮込み

日本語でいうと「牛肉の四川風辛子煮込み」。
油通しをせずにスープで火を通すので、「水で煮る」という表現になるんです。
これは1930年代に四川省の有名な料理人が考案したとされる比較的新しい料理です。

材料

(2人前)
- 牛もも肉 100g チャンする
- 塩 1g
- 胡椒 少々
- 料理酒 大さじ1
- 醤油 小さじ2 (10g)
- 卵 30g (Lサイズ1/2)

- 片栗粉 15g
- (この片栗粉が後から効いてくる)
- 白菜 50g
- 舞茸 50g
- ブロッコリー 30g
- レタス 30g
- (※ここの野菜は、ご家庭の冷蔵庫にそのときにあるもので大丈夫)
- 鶏ガラ中華スープ 少し
- ニンニクチューブ 小さじ1 (5g)

- ショウガチューブ 小さじ1/2 (2.5g)
- 鷹の爪 2本
- 豆鼓 大さじ1 (7g)
- 豆板醤 大さじ1 (15g)
- 料理酒 大さじ1 (15g)
- サラダ油 大さじ1 (10g)
- (※実は麻婆豆腐の調味料とほぼ同じものを使う)
- 鶏ガラ中華スープ
- (粉末を溶いたもの 200cc

- ※まず150cc入れて、足りなかったら全部使う
- 醤油 小さじ2 (10g)
- サラダ油 大さじ6 (60g)
- 花椒粒 適量
- 鷹の爪 2~3本
- 一味唐辛子 大さじ2
- (お好みで)
- 花椒粉 小さじ1
- 香菜 (パクチー) 適量

ま ずお野菜から切ります。白菜は50gなので、2枚くらい。片（ピェン）に切ります（※124p参照）。舞茸は食べやすい大きさに、ブロッコリーはペティナイフで房ごとに切る。レタスは1枚ずつ手でちぎる。お野菜はもちろん冷蔵庫にあるものでいいんですけど、この組み合わせだと味のバランスがいいですよ。

自宅で作る楽テク

ブロッコリーは余計なところを切ったらバラけるので、ペティナイフで切るといいでしょう。大きな房は、火が入りやすいように芯に十字の切れ目を入れておきます。茎の部分も、まわりの硬い部分を外せば食材として使えます。レタスは芯をグッと押してスポッと抜くと1枚ずつむきやすくなります。

次 にお肉です。牛のもも肉100g。これも片（ピェン）にします。切ったら包丁を寝かせる。こうすると包丁にお肉が張り付かない。もちろん、牛肉のスライスでも大丈夫です。しゃぶしゃぶ用の薄いものよりは、もうちょっと厚みのあるものがいいですね。

シ ョウガです。ピェン、スー、モォの順番に切ります。スライス、千切り、細かいみじん切りですね。もちろんチューブのショウガで代用してもかまいません。食材の切りものはこれで終わりです。

1

2

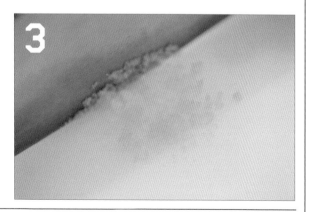

3

次にお肉をチャン（※126p参照）します。 牛のもも肉って、 焼くと固くなるんですけど、 チャンすると火入れしたときに柔らかく仕上がるんですね。 お塩、 ひとつまみ。 お肉100gに対して1gです。 醤油が小さじ2。 胡椒少々。 料理酒を大さじ1。 ここに全卵を1/2個、 30g。 入れたらやさしくモミモミして、 もみながらお肉に吸わせていきます。 卵は3回くらいに分けて入れるといいでしょう。 最後に片栗粉を15g入れます。 ここで卵がちょっと多めなのは、 水煮にしたときにとろみをつけるためです。 この段階でとろみをつけたほうがおいしく仕上がるんです。

お野菜を炒めます。 油大さじ1をひいたら火を点けます。火力は全開です。火の通りにくいものから先に入れます。 舞茸、 ブロッコリー。 油が回ったら、白菜とブロッコリーの芯を入れます。 塩をひとつまみ。 胡椒少々。 軽く下味程度で十分です。 ここにちょっとだけ鶏ガラ中華スープ。 野菜に火が通ったら火を止めてレタスを入れます。軽くパッパとあおったら、 すぐお皿に盛り付けます。 これから熱いスープを入れるので、 この段階では火を通しすぎません。

火加減レベル　　強火　　

なぜおいしくなるの？
ちょっとだけ鶏ガラ中華スープを入れる理由。 熱で脱水された野菜に、 スープの蒸気がグンと入っていくんです。 蒸されるというか。 これをちゃんとやってあげると、 お野菜に短時間で火が通りやすくなるんですね。

火を消します。 同じフライパンにサラダ油大さじ1。ニンニク小さじ1とショウガを小さじ1/2。 鷹の爪を2～3本。 輪切りでも良いですよ。 豆板醤大さじ1。 それから火を点けます。 焦がしたら苦くなっちゃうので、 ここは弱火で香りと辛みをちゃんと出してあげます。 料理酒大さじ1を入れます。 水分が入ると焦げにくくなります。

火加減レベル　　弱火　　

豆鼓大さじ1を入れます。 鶏ガラ中華スープは200cc用意して、 ここではまず最初に150cc入れてください。 あとで味見して、 濃かったら残りのスープを足します。 そしたら火力全開です。

火加減レベル　　強火　

自宅で作る楽テク
ここまでの展開は麻婆豆腐と同じです。 つまり麻婆豆腐をつくる用意があれば、水煮牛肉にも簡単に展開できるんです。 麻婆豆腐はこの段階で唐辛子の粉と肉味噌が入りますが、 水煮牛肉の場合はガラスープを入れます。

醤 油小さじ2を入れます。沸いたら火を止めて味見します。調味料が溶け切って混ざってる状態で、味見をするんです。味が濃ければ残りのスープを追加します。全部で200cc入ることになります。はい、味を再確認。うん！オッケーですね。

火加減レベル　　強火　　❚❚❚❚

辛 いスープにお肉を入れて「水煮」にしていきます。火は強火です。すぐに火が入っちゃいますので、お肉に火が通ったら、すぐに火を消してください。というのは、牛肉は火を通しすぎると固くなっちゃうから。シャバシャバだったスープに、片栗粉の力でとろみがついてきます。見た目よし、香りもよし。ここまでできたら、さっそくお皿に流し込んでいきましょう。

火加減レベル　　強火　　❚❚❚❚

こ こに上から一味唐辛子大さじ2をかけていきます。全体にまぶすように。辛さはここで調節してください。さらに熱した油をこの上からかけて、お皿の中でラー油ができていく、というイメージです。

油 をフライパンで沸かし、花椒と鷹の爪を入れて香りを移します。ちなみに油の沸かし方は180℃くらいですね。花椒や鷹の爪の色が温度の目安になるんですよ。焦がさないように注意です。鷹の爪が黒ずんできたら苦くなっちゃうので取り出します。熱した油を大さじ6、お皿の一味唐辛子の上からかけます。ちょっとかけて温度を確認してもいいですね。（シュー）だとまだ弱いですね。（ジュワー）くらいが目安。仕上げに粗挽きの花椒をふりかけて、お好みで香菜を乗せて完成です。

火加減レベル　　強火　　❚❚❚❚

沸騰魚

熱々な旨味が爆発する 白身魚の激辛煮

スープで火を入れた魚に熱い油をジュッと注ぐ。
いわば「四川式のアヒージョ」。本場は唐辛子と花椒の量が半端ない!
シビレる赤と爽やかな青のダブル花椒が刺激的です。

材料 (2人前)

【ステップ1】	【ステップ2】	【ステップ3】
◉白身魚 100g	◉サラダ油 大さじ1	◉サラダ油 小さじ1	◉唐辛子 30g
【白身魚の調味料】	◉豆苗 1/2パック(約40g)	◉ニンニクチューブ 小さじ1/2	◉花山椒 6g(赤3g、青3g)
◉塩 1g	◉もやし 50g	◉生姜チューブ 小さじ1	◉サラダ油 100ml
◉胡椒 少々	◉エリンギ 1本(50g)	◉料理酒 大さじ1(15g)	
◉卵白 1個分(30g)	◉キクラゲ(あればで良い) 20g	◉鶏ガラ中華スープ 250ml	
◉片栗粉 10g	◉塩 少々	◉塩 小さじ1(5g)	
	◉胡椒 少々	◉胡椒 少々	
	◉料理酒 大さじ1		

1 豆苗、もやしは用意してもらって。きのこ類はしめじや舞茸など、好きなものでいいです。今回は食感のいいエリンギとキクラゲを使います。多少食感があるほうがいいので、エリンギは石づきを落として2〜3ミリのピェンにします(※P124参照)。豆苗は根っこを切り落として、タネがないかチェックして、サッと洗います。キクラゲともやしはそのまま使います。

2 次にお魚もピェンにします。今回は真鱈ですけど、白身魚だったらなんでもいいです。お魚は小さく切ると身が縮んじゃって見た目がしょぼくなるので、ちょっと大きめに切ってあげてください。厚さは5ミリくらい。あまりペラペラにすると、崩れちゃいますよ。

3 白身魚をチャン(※P126参照)することで、ツルンとした食感に仕上がります。お魚が100gなので、塩が1g、胡椒少々、卵白が1個分です。だいたい30gあります。卵白は混ぜる前に切っておくといいですね。お魚が崩れないようにやさしく混ぜてあげてください。卵白を吸わせるというより、衣をつけてあげる感覚です。

4 サラダ油を大さじ1で、お野菜を強火でサッと炒めます。もやし、エリンギを軽く炒めたら、豆苗とキクラゲが入ります。キクラゲは油が跳ねやすいので後入れです。塩をひとつまみ。胡椒少々。お酒大さじ1を入れて火が通りやすくします。火を通しすぎないのが大事。お野菜をいちどお皿に移します。

火加減レベル 強火

5 スープをつくります。油を小さじ1。ニンニク小さじ1/2。ショウガ小さじ1。料理酒大さじ1。ぜんぶ入れたら、弱火でニンニクとショウガの香りを出します。ここに鶏ガラ中華スープを250cc入れ、火を全開に。お塩小さじ1、胡椒少々を入れましょう。

火加減レベル 弱火
▼
強火

6 沸いたら火を消してお魚を入れ、魚に火が通るまで中火。チャンの卵白がくっつきやすいので、やさしく揺らしながら熱します。スープが沸いたら魚にはもう火が通ってます。片栗粉でスープにもとろみがついてます。軽くアクをとったら、火を止めて味見。お皿に入れた野菜の上にお魚を流し入れます。

火加減レベル 中火

7 仕上げに熱した油を上からかけます。フライパンにサラダ油を100cc。中火にします。ここに花椒と青山椒、唐辛子まるごと。辛みとシビレを油に移したら最後に火を全開にして、油の温度を上げて、焦げる手前で火を止めて。

火加減レベル 中火
強火

8 いきますよ! 熱した油をお皿の上からかけて、ジュジュー。赤い油の層がきれいでしょ。これで完成です。これ、唐辛子は食べないものなので注意です。中国のいい店だと、店員さんが油をかけるところを一回見せてくれてから唐辛子を抜いて出してくれるんです。庶民的なお店だと自分たちで取って食べてます。

黒炒飯 辛くてシビれる黒チャーハン

生唐辛子のパキッとした辛みとたまり醤油の甘いコク。
ただでさえウマい炒飯のパンチ力を増加した黒いヤツ。
口から火を吹くほど辛くてシビれる炒飯レシピです。

材料
（1人前）

- ●むきエビ　4尾（チャン済）
- ●肉味噌　30g（※P38参照）
- ●生唐辛子　1本
- ●万能ネギ　20g
- ●香菜（パクチー）　お好みで
- ●炒飯用ご飯　250g（※P100参照）

- ●卵　1個
- ●サラダ油　大さじ2（20g）
- ●塩　ひとつまみ（3g）
- ●胡椒　少々
- ●たまり醤油　大さじ1（15g）
- ●料理酒　小さじ1（5g）

- ●自家製ラー油　小さじ1（5g）（※P68参照）
- ●花椒粉　少々（少ないほうがいい）

1　万能ネギを切ります。1ミリから2ミリの小口切りですね。タオルでまとめてあげると切りやすいです。スーパーに売っているカット済のものでも大丈夫です。使うのは20gです。香菜（パクチー）は食べやすい大きさにざくざくと切っていきましょう。ネギは油を吸うので、炒飯が油っぽくなった時にちょっと多めに入れるというプロのテクがあるんです。

2　生の唐辛子をきざんでいきます。唐辛子は中のタネが辛いんですよ。シシトウでも、ときどきタネが辛いのってあるじゃないですか。

自宅で作る楽テク
生唐辛子は、青唐辛子でもハバネロでもジョロキアでもいいですね。手に入るのであれば、スコーピオンでもいいですよ。

3　エビを焼きますよ。小さじ1の油を入れます。チャンをしたエビ（※P126）を並べてください。冷凍シーフードミックスのエビでもOK。ここから火を点けてください。火力はエビの大きさによりますけど、中火くらいでゆっくり焼きます。エビに7割8割火が通れば、炒飯でまた炒めるので大丈夫です。ここまで焼けたら一度、よけておきます。

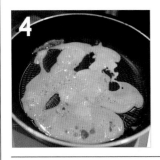

4　次に溶き卵を焼きます。サラダ油大さじ2を入れて火を点け、油がサラーッと流れるまで温めます。フライパンが温まったら火を消してください。火を消したフライパンで半生のオムレツをつくる感じです。卵を流したらヘラで大きくゆっくり「いち、にい、さん、しい、ご」と数えながらかき混ぜます。半生オムレツができてきましたか。

5　ここに炒飯用のご飯を入れていきます。炒飯用に炊いたご飯は、熱いまま入れても問題ないです。やさしく切り混ぜて全体に卵が行き渡ったら、ここで初めて火を点けて、火を全開にして炒めていきます。まだ卵が半熟な感じしますよね。これが、火が通ってくるとツヤが消えてくるんで、そこまで炒めましょう。で、いったん火を止めます。

6　味付けをしていきます。塩ひとつまみ、3gほど。胡椒少々、肉味噌30g、生唐辛子、7割ほど焼いたエビ、青ネギ。ここで火を全開にしてシャカシャカします。生唐辛子の辛みが上がってきましたけど、おいしいですから安心してください。肉味噌は作り置きの凍ったままでも大丈夫ですよ。

7　全体が炒められたら、ドーナツ状に真ん中を開けてフライパンの鍋肌を出して、たまり醤油を大さじ1。黒炒飯の「黒」の要素ですね。ちょっと醤油を焼いてあげると、香りがふわっと上がってきますよね。この焼けた匂いが食欲をそそる。これで全体を炒めて、味見をしましょう。辛いですよ！

8　仕上げに花椒の粉を入れます。これは少なくしたほうがいいですよ。シビれすぎてしまうので入れる量はほどほどに。自家製ラー油を小さじ1。もちろん市販のラー油を使ってもかまいません。最後に軽くささっと炒めます。盛り付けたら香菜（パクチー）をちょいとのせたら、完成です。

つくっておきたいストック食材 PART-I

肉味噌があれば、いろいろ応用が効くんです

麻婆豆腐をはじめ、いろんな料理のベースになる肉味噌。
たくさんつくって冷凍ストックしておくと、すぐに料理に使えるし、
ちょい乗せするだけでオカズがワンランクアップしますよ。

材料
（ひき肉200g分の場合）

◉油　小さじ2
◉豚ひき肉　200g（※なんの肉でもいい）
◉醤油　小さじ2（10g）
◉甜麺醤　大さじ2（60g）

肉味噌ストックは、ほかの料理にちょい入れしたり、自分なりのアレンジを試したり、いろいろな料理に使えます。担々麺のアタマにする、野菜炒めにポイッと追加で入れる、豆腐にのせて冷奴の具材にする。麻婆豆腐の具材はもちろん、そうめんなどのつけ麺のつけ汁に入れちゃうのもアリですね。さらには食パンの上にクリームチーズと一緒にのせて焼いたり、もちろんそぼろ飯としても絶品。

油

を小さじ2入れてから、火を点けます。フライパンが温まってきてからお肉を入れます。冷たいうちから入れてしまうと、お肉がフライパンにくっついちゃうんですよ。これから細かくほぐしていこうというところなので、スタートはきれいに決めたいところですね。

火加減レベル　　強火　　●●●●

炒

め方のポイント。ひき肉は火が通っちゃうとほぐれにくくなるので、生の状態のときにこうしてしゃもじなどでつぶしてあげてください。炒めるというよりも、「つぶす」イメージ。するとお肉が切れて、きれいなそぼろになっていくんですね。ダンゴになってしまうと、中まで味が入っていかないんです。

火加減レベル　　強火　　●●●●

火

は全開のままですね。ダラダラ炒めていると、火が入る前にお肉の水分が飛んでしまって、カラカラになっておいしさが逃げてしまうので、手早くつぶして、そぼろにしてあげる。最初の油が小さじ2と、ちょっと少なめに感じるかもしれませんが、炒めているうちにお肉からどんどん油が出てきますね。この油でひき肉を揚げるようなイメージで焼いていくわけです。

火加減レベル　　強火　　●●●●

肉

がダンゴにならずにポロポロになってきたら、いったん火を止めましょう。醤油を小さじ2、甜麺醤を大さじ2。そしたら火を点けて、お肉に味を吸わせていくイメージで混ぜていきます。調味料を全体に行き渡らせるとともに、ダマになってるお肉もここでつぶしてあげる。かたまりになってるということは、中に味が入ってないということでもあるんです。

火加減レベル　　強火　　●●●●

炒 める時間の目安として、油が透明になってきたかどうかを見るといいでしょう。油のにごりはお肉の水分です。油の量が少ないとすぐに水分が飛んでいくんで、透明になるのも早い。ストック用としてまとめてつくる場合はお肉の量が多いので、油ももっとにごってますから、炒め終わるタイミングもわかりやすいと思いますよ。

火加減レベル　　強火　　　　　　　　　▮▮▮▮

水 分を飛ばすと言っても、カリカリにしすぎると何を食べてるのかわからなくなってしまいますね。だから、お肉の食感が残る程度の目安としてわかりやすいのが、油が透明になってくるタイミングなんです。あとは、全体に味が行き渡ったらオッケーです。

火加減レベル　　強火　　　　　　　　　▮▮▮▮

白 っぽいところには味が入ってないので、つぶして切ってあげましょう。はい、白っぽいところがなくなってきました。火も通ってきました。油もちゃんと透明ですね。水分もいい感じで飛んで、水っぽいところがほとんどなくなりました。これ以上炒めるとカリッカリに揚がっちゃうので、いいところで見切りをつけましょう。写真のような感じになれば、肉味噌の完成です。

肉 から出た油で揚げるように炒めて水分を飛ばしていくので「炸醤」。たくさんつくって、冷凍保存しておくとなにかと便利です。これがあると、ほかの料理にちょい入れしたり、自分なりにいろいろなアレンジを試したりと、さまざまな料理に使えてすごく重宝するんです。今回は豚のひき肉を使っていますけど、肉は合いびきでも牛肉でももちろん大丈夫ですよ。

肉味噌を使ったかんたんレシピ
油味噌

肉味噌に豚の脂と味噌でつくる沖縄の「油味噌（あぶらみそ）」を四川風に。
保存食なので、しっかり炒めて水分を飛ばしてあげると日持ちもします。
消毒したビンに入れれば1ヵ月はもちますよ。ご飯にのせてどうぞ。

材料			
◎肉味噌　200g	◎一味唐辛子　小さじ2	◎花椒オイル　小さじ1
◎味噌（赤味噌）　50g	◎ニンニク　末（モォ）小さじ1	◎ラード　30g（または背
◎甜麺醤　40g	◎みりん　大さじ1	脂40g）
◎料理酒　大さじ3	◎砂糖　大さじ2	

ラードをフライパンに入れて強火です。背脂の場合は油が出てカリカリになるまで炒めます。ラードが溶けたらニンニク小さじ1を入れて、焦げないように弱火で炒めます。ニンニクの香りがフワーッと出てきたね。ここまでは3分くらいでできます。

火を消して、赤味噌50g、甜麺醤40g、肉味噌200g。中火にして味噌と肉味噌が混ざる感じで炒めてください。混ざったら、焦げないように火を消して、次の調味料を入れて行きます。

一味唐辛子小さじ2。酒大さじ3。砂糖大さじ2。みりん大さじ1。はい、火を全開にして水分を飛ばします。砂糖やみりんは最初から入れると焦げやすいんで2回めにしてるんですけど、この甘い系の糖分を煮詰めることでとろみをつけてほしいんです。

いま2分くらい炒めました。ここで火を止めてください。さっきはシャバシャバでしたけど、いまはトロッとしてきました。あまり煮詰めると味が濃くなっちゃいますし、冷えたら固くなります。最後に花椒オイルを小さじ1。これを入れるだけでグッと四川風になります。

火加減レベル　弱火　●●●●　　火加減レベル　中火　●●●●　　火加減レベル　強火　●●●●

CHAPTER 02

「辣」の章

「辣」は辛さ。唐辛子の辛さ。
四川料理のおいしさは麻と辣のハーモニーで決まります。
お皿からあふれんばかりの真っ赤な唐辛子で灼熱に味付けされた
さまざまな料理は火を吹くように辛いのに、食べるお箸がとまらない。
自分でつくれば、もっとその魅力に気づくはず。

辣子鶏

掘り起こす箸が止まらないラーズーチー

山盛りの唐辛子の中からカリッとした鶏肉を掘り出して食べる。
油をうまく使いこなしているのでネギもおいしい。
とびきりの辛さがクセになる料理です。

材料
(2人前)

- ◎ニンニク　3片
（※包丁でつぶして香りを出す）
- ◎長ネギ　1本　（※斜めにざく切り）
- ◎唐辛子　60g
（※ハサミで斜めに半分に切り、タネと分ける。タネも使う）
- ◎鶏もも肉　200g

- ◎生姜　小さじ1
（※チューブの生姜でOK）
- ◎醤油　小さじ2
- ◎片栗粉　適量（※鶏ももにまぶす）
- ◎油　大さじ6
（※香りがきつい油でなければ何でもOK）

- ◎花椒（中国山椒）ホール（粒）で5g
- ◎チキンパウダー　ひとつまみ
（※ない場合は中華スープの素や鶏ガラ中華スープの素でもOK）
- ◎塩　ひとつまみ
- ◎紹興酒　大さじ1
（※料理酒やウイスキーなどでもOK）

長　ネギ1本、まるまる入れちゃいます。具材としてのものなので、これくらい大きく、ザクザクと切ってしまいます。青いところも使っちゃいます。普通は捨てるところですが、緑が入ると色味がきれいになりますし、なにより香りが出ます。甘くておいしい白いところと香りが強い青いところ。ネギのいいとこをぜんぶ使うことにします。

使　用するニンニクは3片。皮は外してください。ニンニクの切り方は、切るというよりも、たたきつぶすほうが香りも出るし、ラクです。中華包丁だとこうしてたたいてやれば、それだけでオッケーです。スライスしてももちろんいいんですけど、たたくと香りが圧倒的に良くなるんですよね。イタリアンの人も、ニンニクを包丁でグッと押しつぶしたりしますよね。

鶏のもも肉を切ります。鶏のもも肉って、スジとか軟骨が残ってるんですよ。こういうのは口に残りやすいんで、外しましょう。だいたいひとくち大に切ったら、ビニール袋に入れて下味を軽くつけます。おろし生姜小さじ1、醤油小さじ2。だいたいでいいです。

唐辛子、60gをハサミで半分に切っていきます。斜めに切るとタネが抜けやすいんですよ。面倒くさかったら、手でちぎってもいいです。切った唐辛子は、ボウルに入れて揉むとタネが抜けてきます。タネと房はこうして別の用器に分けておきます。

なぜおいしくなるの？

唐辛子って皮の部分よりもタネのほうが辛いので、まるごと炒めるよりもタネを出して炒めたほうが辛味が増します。唐辛子の辛味がより油に染み込むんですよ。

まず最初に鶏肉を炒めます。漬けていた鶏肉に片栗粉をまぶして、多めの油で炒めます。油は大さじ6。熱い油に入れると跳ねちゃうんで、ぬるい油からで大丈夫です。火は弱火から中火くらい。火が強いと、中が生焼けなのに表面だけが焦げちゃうんです。

自宅で作る楽テク

本来は油で揚げるんですけど、家だとやっぱり手間なので、多めの油で炒めます。片栗粉をまぶして、ちょっと竜田揚げっぽい感じですね。火が強いと鶏肉に火が通る前に外側が焦げちゃうので、火力は弱火から中火です。また油が跳ねるようでしたら、フタをしても大丈夫です。

鶏 肉に火が通ってきたのでひっくり返します。ラーズーチーって、表面がカリッとしないとダメなんですよ。ここでは片栗粉をまぶして多めの油で炒めているので、揚げなくてもカリッと仕上がりやすいです。火が通ったら、いちどお皿に移動させましょう。

鶏 の香りが油に移っています。さらに唐辛子と花椒を炒めて、どんどん香りを移していくんです。この油はまだ使いますので、いったんボウルに移してとっておきましょう。

注意！ これは NG!

使う油はなんでもいいんですが、唐辛子と山椒の香りが大事なんで、オリーブオイルなどの香りの強い油はやめたほうがいいかもしれません。まあ、僕も、ウチで作っていてオリーブオイルしかなかったら使いますけどね(笑)。ちなみに中国では一般的に菜種油が使われていますね。向こうではサラダ油が珍しいんです。

花 椒とニンニクを炒めます。さっきの鶏肉を炒めた油を大さじ3、フライパンに入れ直します。ニンニク3片。花椒はホール（粒）のままを5g。ニンニクは焦げやすいですけど、かといって生だと匂いが強いじゃないですか。焦げないように弱火でやります。

こで間髪入れずに、ネギの白い方を投入。なぜこのタイミングで入れるかというと、ネギって火が通りにくいからなんです。生焼けのネギほどおいしくないものはない。あと、ネギを入れると温度が下がるんで、ニンニクや花椒も焦げにくくなりますよね。ネギが油を吸って、火が通るとまた油が出てくる。つまり、ネギを焦がさずに炒めるための油でもあるんです。

して唐辛子を入れる工程です。タネの部分は辛さを決める材料なので、お好みで適量入れましょう。次に唐辛子の房をドサッと入れます。炒めてみて、焦げそうとか、油が足りなそうとかになったら、さっきの鶏肉を炒めた時の油を足してあげてください。ほら、おいしそうないい香りが出てきましたね。

こに青ネギ投入です。香りがいいし、色味もよくなる。あとから青ネギを入れるのは火の通りが早いからです。このあと、強火でサッと炒める工程がありますので、このときに炒めすぎてしまうと最後はクタクタになっちゃいます。香りが出るくらいでいいですよ。

火加減レベル　　中火

香りと辛味が出てきました。 ネギに火が通りました。 青ネギにもだいたい火が通りました。 そしたらここに、 さっきよけておいた鶏肉をザザッと投入します。

火加減レベル　　中火　　❚❚❚❚

ここからは焦げやすいので、 いったん火を止めます。 お塩をひとつまみ。 チキンパウダーもひとつまみ。 チキンパウダーがなかったら、 中華スープの素や鶏ガラスープの素でも代用できますよ。 そして火を全開にします。

火加減レベル　　消火　　❚❚❚❚
　　　　　　　　▼
　　　　　　　　強火　　❚❚❚❚

最後に香りづけで大さじ1のお酒を加えます。 このお酒は、 フライパンの鍋肌に落とす。 すると……香りがバーっと上がってきますね。 ホントは紹興酒がいいんですけど、 他のお酒でもウイスキーでもいいです。 普通にやれば10分でできる料理です。

干焼大虾仁
大海老のチリソース炒め

中華料理の辛い辛い「干焼蝦仁」を日本向けにアレンジしてできたとされる「エビチリ」。
プリップリのエビと甘くて辛いチリソースは、ちょっとしたごちそうです。
お店レベルのエビチリを自宅で味わえる、失敗しないレシピです。

材料
(2人前)

●殻付きエビ　200g（※殻はとっておく。むきエビ180gでも代用可）
●長ネギ　1／2本（50g）
●サニーレタス　2枚（※飾りなので葉っぱならなんでも。無くてもよい）

【エビ油】（※無くても可。市販のエビ油でも代用可）
●サラダ油　100cc
●エビの殻　むいた分すべて
●ショウガの皮＋ネギの外側（乾燥）
●エビの殻の1/3ほど

【チリソース】
●サラダ油　分量外
●ニンニクチューブ　小さじ1
●ショウガチューブ　小さじ3
●豆板醤　小さじ1
●甘酒　大さじ1（※酒醸／チューニャンの代用として。みりんでも代用可）
●ケチャップ　大さじ2
●中華スープ　100ml（※中華スープ小さじ1/2　水200mlでつくる）
●砂糖　大さじ1

●塩　小さじ1/4
●水溶き片栗粉
（※片栗粉　大さじ1、水　大さじ1）
●自家製ラー油　なくても可。好きなだけ（※P68参照）
●エビ油　適量
（※100ccつくる。エビの殻、殻の1/3の量のショウガの皮とネギの外側）
●酢　5滴

エビはできれば殻付きを推奨します。殻でエビ油をつくるので、あったほうがいいんです。もちろん、むきエビや冷凍のボイルエビを使っても大丈夫ですよ。エビの殻は尻尾までぜんぶむいて、背わたは尻尾側の関節から竹串で掘ってスーッと取る、と。

自宅で作る楽テク

エビはサイズがデカいほうが食べごたえあるし、味もおいしいので。これくらいの大きさがいいですよね。背わたはどうしても口に残るから、きちんと取りましょう。竹串で掘る場所は、関節であればどこからでもいけます。

まずは大事なエビの下処理です（冷凍ボイルエビの場合は省略）。最初にエビを洗います（※P127参照）。お塩ひとつまみと片栗粉もひとつまみ。これで揉みます。エビの汚れを落とし、臭みを消しています。塩がエビの水分を出して、片栗粉がエビの表面の汚れを水分と一緒に吸ってくれます。そしたら水で流します。何度かすすいで、水が濁らなくなったらOKですね。キッチンペーパーで包んで水分を取ったら、次に「チャン」をしましょう（※P127参照）。

大 さじ1の油でエビの殻を煎り焼きにします。中火です。エビの水分が飛んで香りが立ってきたら、乾かしたネギの青いところとショウガの皮を入れます。量はエビの殻の1/3ほど。軽く焦げ目がついたらサラダ油100ccを入れて弱火にして沸かします。焦げる手前でボウルに開けて冷まします。これが今回のポイントとなる「エビ油」です。

注意！ これは NG!
ショウガとネギを入れすぎちゃうと、結局はショウガとネギの香りになっちゃうんです。また、水分があると油が跳ねるので、気をつけてください。ネギを乾かしておくのもそれが理由ですね。

油 通しの代わりに多めの油でエビを焼きます。油を大さじ2入れてから強火で点火。油が沸いたら弱火にしてエビを並べ、裏面がカリッとするまで焼きます。チャンの卵白でエビ同士がくっついちゃうので注意です。油が跳ねやすいですから気をつけてください。1分経ったら弱火にして、ひっくり返して30秒。完全に火が通る前に、お皿に移しておきましょう。

なぜおいしくなるの?
ここでのエビの火入れは5割くらいにしておきます。ここで両面をカリッとさせると中まで火が通りきってしまって、最後の調理で縮んじゃいます。

エ ビを焼いた油はそのままにして、チリソースをつくります。ニンニク小さじ1、豆板醤小さじ1、ショウガ小さじ3。チリソースは、この1:1:3の割合がうまいんですよ。これを弱火で炒めます。ニンニクとショウガはちゃんと炒めないと生臭い。豆板醤はしっかりと炒めると辛味と赤い色がちゃんと出てくる。そして焦げないように動かし続けます。

自宅で作る楽テク
味付けを割合で考えると便利ですよね。で、辛いのが好きな方は豆板醤を増やせばいいし、苦手な方は半分以下にしてもいいですね。

火加減レベル　　弱火

はい、いったん火を止めます。ここで甘酒を大さじ1入れます。もちろん市販されている甘酒で大丈夫です。ちなみに、お店では酒醸（チューニャン）という調味料を使っています。これがすごく甘酒に似ているんですね。甘酒が手もとにない場合は、みりんで代用してもオッケーです。

火加減レベル　　消火　　●●●●

ここにケチャップを大さじ2。これを入れたら火を点けて炒めます。ケチャップも豆板醤と一緒で、炒めることで無駄な酸味が飛んで、赤い色が出てくるんですよ。このまま入れちゃうと、ケチャップ臭さが全面に立ってしまいます。でも、炒めることによって、チリソースの味にちゃんとなるんです。

火加減レベル　　中火　　●●●●

酸味がふわっと上がってきます。ここに中華スープ100ccを入れます。粉末の中華スープ小さじ1/2を200ccの水に溶かし、100ccだけ使うスタイル。しょっぱくなっちゃうから薄めに作るんですね。入ったら火を全開にして沸かす。ここに、お塩を小さじ1/4、お砂糖を大さじ1。いちど火を止めて、味を見ます。チリソースってすっごくバランスが難しくて、豆板醤の種類によって砂糖と塩の量を変えないといけない場合があるんです。ここでしっかり味見して、調整しましょう。

火加減レベル　　強火　　●●●●

そ したら、エビを投入します。エビ汁もちゃんと入れてくださいね。これがうまいところなんですよ。火を全開にしたらネギも投入します。実際に入れてみると、ネギがけっこうあるように思うかもしれませんが、これがおいしいんです。で、全体になじませたら、ここで1回、火を止めます。

火加減レベル	強火	▮▮▮▮
	▼	
	消火	▯▯▯▯

水 溶き片栗粉。今日は片栗粉大さじ1に対して水が大さじ1。同量です。1：1。これは、いっぺんに入れないです。火を止めて、まずは半分くらい入れて、かき混ぜます。これが一番ダマになりにくい。ダマダマになっちゃうと、チリソースがエビにからまなくて、おいしくないんですよね。それは避けたいので、ちゃんと混ぜてから、火を点けます。

火加減レベル	消火	▯▯▯▯
	▼	
	中火	▮▮▯▯

こ こでしっかりチリソースを焼くので、最初にエビは5割程度しか火を通さないんですね。ソースがユルいと思ったら火を止めて水溶き片栗粉を少し追加してあげる。ちなみに大さじ1の片栗粉を全部使う必要はないんです。ここからキッチリ焼くことによってチリソースの香りが立ってくる。鍋際がフツフツしてますね。

火加減レベル	中火	▮▮▯▯

なぜおいしくなるの？
中国語でエビチリのことを干焼蝦仁（ガンシャオシャーレン）っていうんですけど、ガンシャオって「焼く」調理法なんです。こうやって強火で煮汁を煮詰めて仕上げることが「干焼（ガンシャオ）」です。

仕 上げに先ほどのエビ油を使います。大さじ1。鍋肌にぐるーっとたらして、さらに焼いてあげるんです。エビ油を作っていない人は、もちろん無しでも大丈夫ですよ。ほら、鍋のふちが焼けてきましたよね。エビの焼けた香りが上がってくるんですよ。常に混ぜてないと底面が焦げてくるので注意です。焼けて、香りが立ってきたら火を止めて、自家製ラー油を入れます。量はお好みで。

火加減レベル	中火	▮▮▮▮
	▼	
	消火	▮▮▮▮

そ してポイント。お酢を入れるんです。数滴でいいです。いち、に、さん、し、ご。5滴。なんのためのお酢なのかというと、辛いチリソースをお酢でマイルドにしてあげる。尖った部分をお酢で中和することで、より料理がまとまる。そのためのお酢です。味をつけるためじゃないんです。

最 後にこれを器に盛ったら完成です！ 彩りはサニーレタスとか、緑の葉っぱならなんでもいいです。赤と緑で、きれいでしょ。

なぜおいしくなるの？

香り、辛味、酸味、甘みがおいしいエビチリソースはバランスが命。エビ油は「香りをつける」、ラー油は「辛味を追加する」、お酢は「辛味を中和して味をまとめる」ためですね。

口水鸡

複雑な甘辛の余韻　四川風よだれ鶏

辛くてシビレてそれがおいしい！　四川料理を代表する「よだれ鶏」。
思い出してもよだれが出そう、というのが名前の由来とする説もありますね。
複雑な香りとコクの甜醤油はほかの料理にも使えるので、ここでマスターしましょう。

材料 (2人前)

●鶏むね肉（※鶏もも肉でも可）1枚
●長ネギ　1/2本
●香菜（パクチー）　適量
●炒りごま　少々
●ラー油　適量

【くさみ消し】
●ネギの頭　100g
●生姜　30g

【鶏肉を漬けおくスープ】
●塩　15g
●胡椒　少々
●酒　30cc
●花椒　5g

【よだれ鶏のタレ】
●酒　60cc
●醤油　90cc
●甜醤油　100cc
●砂糖　100g

●酢　30cc
●黒酢　50cc
●花椒粉　少々
●自家製ラー油　20cc（※P68参照）
●花椒油　20cc

【甜醤油】
●醤油　300cc
●料理酒　130cc
●砂糖　300g
●八角　5g

●シナモン　5g
●ローリエ　5枚
●陳皮　10g（※あれば）
●長ネギの頭　1本ぶん
●生姜　30g

【花椒油】
●花椒　20g
（※フープロやミルで挽いておく）
●長ネギの頭　30g
●サラダ油　200cc

鶏 に火を入れます。湯を沸かし、くさみ消し用のネギの頭100gとショウガ30gを入れます。鶏肉を入れてポコポコと沸いたら火を止めます。フタをして20～30分。こうして臭みを消して、余熱で火を入れていくんです。

注意! これは NG！

沸かすお湯は、鶏肉の8倍から10倍くらいの量を用意してほしいんです。なんでかというと、余熱で火を通すときにお湯が少ないと、肉に熱が入る前に冷めちゃうんです。

火加減レベル　　強火 ████
　　　　　　　　　▼
　　　　　　　　消火 ████

串 を刺して火が通っていることを確認したら、肉を取り出し氷水に入れて、冷やします。

なぜおいしくなるの？

よだれ鶏は、できればブランド鶏みたいな、いい鶏のほうが確実においしいです。なんでかっていうと、素材の味ありきの料理なんですよ。唐揚げとかはいろいろと下味をつけたりするんで大丈夫なんですけど、こういうのはいい肉を使ったぶんだけおいしくなるんですね。

3

肉を漬けておくスープをつくりましょう。茹でたお湯の残り1リットルを沸かし、アクを取ります。塩15g、胡椒少々、酒30cc、花椒5gを入れて冷ましたら、冷えた鶏肉を入れて味をつけます。このまま2〜3時間、漬け置きにしておきます。

火加減レベル　　強火　　●●●●

4

よだれ鶏のタレに使う甜醤油をつくります。鍋の中に砂糖300gと醤油300cc、料理酒130ccを入れて、火にかけます。お砂糖が溶け切る前に温度が上がっちゃうと焦げてしまう恐れがあるので、お砂糖が溶けるまでしっかりと混ぜてあげます。

火加減レベル　　中火　　●●●○

5

香辛料を入れますよ。シナモン（桂皮）5g、八角5g、ローリエ5枚、陳皮10g、ショウガ30g、ネギの頭1本分。強火で始めて、沸いたら弱火にして20分から25分。液体がだいたい1/2から1/3くらいになってトローっとしてくるまで煮詰めます。液体を持ち上げてみて、ポタポタだったものが、ツーッとつながって落ちるくらいですね。

火加減レベル　　弱火　　●○○○

自宅で作る楽テク

陳皮はミカンの皮ですね。七味唐辛子に入ってます。無農薬のミカンの皮をよく洗って、ベランダで天日干しにしてもつくれますよ。

甜 醤油を弱火で煮詰めて20分後。色はさっきから確実に黒くなってましたね。飴色になっていましたけど、まだ液体としてはポタポタ状態ですね。25分後、ツーッと流れるようになりました。熱いときはシャバシャバですけど、お砂糖が入っているので冷めると固くなってきます。これをザルで濾します。ザーッと。はい、冷めたらオーケーです。

火加減レベル　弱火　◖◖▮▮

タ レに使う花椒油をつくります。鍋にサラダ油200ccと花椒の粉20gを入れます。花椒はミキサーやフードプロセッサーで挽くと香りがいいですよ。ネギの頭30gを入れて火にかけます。沸くまで中火で、沸いたら弱火です。そこから1分くらいしたら、すぐに火を止めちゃってください。余熱で置いておくと、香りが油に移ります。

火加減レベル　中火 ▮▮◖◖
　　　　　　　▼
　　　　　　消火 ◖◖◖◖

注意! これは NG!

あまりボコボコ沸かしたらダメなんです。一気に沸かしてしまうと香りが飛んでしまいます。なので、フツフツとなってきたらすぐに火を弱めてください。

ザ ルにクッキングペーパーをしいて、花椒油を濾します。このまましばらく置いておきましょう。

自宅で作る楽テク

ネギだけ抜いて、濾さないでこのまま容器に移し替えて半日くらい置いておくと、香りはもっとしっかり出てきます。ネギ油ってわりと売ってるんですけど、花椒油ってなかなか無いんですよね。でもこうやってわりと簡単につくれますので、ぜひやってみてほしいですね。

よろ鶏のタレをつくります。オイルは後から入れてあげたほうが馴染みやすいので、先にラー油と花椒油以外のものを合わせます。タレ系は粉ものから先に入れたほうが溶けやすいので、まず砂糖100g。次にお酒60cc、お酢30cc。まず砂糖を溶かしてあげてください。見えるうちに溶かす。タレの鉄則は、ちゃんと混ざること。溶け残りがあると味が変わってきちゃいますからね。

自宅で作る楽テク

お酒とお酢を先に入れるのは、透明なものからいくと砂糖が溶けたかどうか目視できるじゃないですか。だから透明なほうからいきます。

次に黒酢50cc、醤油90cc、花椒粉を少々。花椒はあくまでも香りのひとつ。あまり入れすぎても香りが強くなりすぎちゃうんで、だいたい1gくらいですね。ほら、液体が黒くなったら底が見えなくなっちゃいましたよね。粉ものを溶かす場合は、透明なうちに溶かしてあげるのが鉄則なのです。

甜醤油100ccを入れます。だんだんタレにとろみがついてきましたね。自家製ラー油の粉の部分を少し入れるとおいしいので、ティースプーン1杯くらいを入れてみましょう。もちろん辛いのが苦手な人は、入れなくても大丈夫です。ここにさっきの花椒油と自家製ラー油を入れます。20ccずつです。よくかき混ぜたら、タレの完成です。

ネ ギ1/2本を白髪ネギに切ります。香菜は適当にバサバサと、のせたいぶんだけ切ってください。ネギも香菜も水にさらしておきましょう。

鶏 肉をスープに漬けて3時間後。肉に味が入った計算です。そしたら肉を切ります。厚さ1センチ弱、くらい。綺麗に見えるよう、高さを意識していい感じに盛り付けましょう。

自宅で作る楽テク

使う鶏肉はムネでもモモでもいいんですけど、僕はムネ派です。モモはジューシーに仕上がるんですけど、ムネはしっとりした感じになります。固くなりにくいんですよ。どっちもおいしいので、なんならムネとモモの両方でやると楽しいですね。

お 肉を盛り付けたら、タレをかけますよ。炒りごま。追いラー油。ネギ。みずみずしい香菜。どれも好きなだけのっけてしまいましょう。これで、よだれ鶏の完成です。

なぜおいしくなるの?

中国の料理っていろいろな説があって、どれがホントかわからないですけど、僕の師匠から聞いた話だと、よだれ鶏を好きな役人が地方に異動になって「あー、あれおいしかったなあ」って思い出してヨダレが出ちゃった。そう聞きました。それくらいおいしいタレだよってことですね。

棒棒鶏 Wソースのコクとキレ バンバンジー

包丁を棒で叩いて骨付き丸鶏をブツ切りにするから「棒・々・鶏」。
よだれ鶏とは「タレ違い」の、似たもの料理です。
甘辛のタレにちょっとしたおいしさの知恵が隠れてますよ。

材料
（2人前）

- ●鶏むね肉　1枚
  （※よだれ鶏と同様にボイル）
- ●トマト　1個
- ●キュウリ　1/2本

【棒棒鶏ソース】
- ●砂糖　大さじ1
- ●酢　大さじ2
- ●醤油　大さじ3
- ●生姜チューブ　小さじ1
- ●練りごま　大さじ2

- ●ごま油　小さじ1
- ●自家製ラー油　小さじ1／2
  （※ P68参照）
- ●ネギのみじん切り　大さじ1

1

棒々鶏はよだれ鶏にすごく近い料理です。ちょっと甘めなのが棒々鶏、辛めなのがよだれ鶏というイメージで、違いはホントにそこだけという感じです。なので、鶏肉はよだれ鶏と同じようにボイルします。キュウリは絲（スー）に切り（※P124参照）、トマトは厚めのスライスです。ネギはタレに使うので、みじん切りにしてください。

2

タレをつくります。まず砂糖を大さじ1。次にお酢大さじ2。入れる順番だけ気をつけてください。粉ものから先に入れていくんですね。お酢より先に醤油を入れたら見えないじゃないですか。ザラザラが無くなったらいいんですけど、目視もしたい。お酢から入れたらまずこうして甘酢をつくることができる。粉ものはきっちり溶かしてあげたいんですよね。

3

砂糖が溶けたら、その次に醤油大さじ3。ショウガのチューブ、小さじ1入れます。練りごまとタレの2層構造にしたいんです。ぜんぶ混ざってるものだったら最初からぜんぶ入れて混ぜちゃえばいいんですけど、層をつくりたいので、まず液体を完全につくるんですね。

4

液体タレができたら、練りごま大さじ2を上からそっと入れます。ほら、練りごまの層が表面に浮いているのがわかりますか。

5

みじん切りのネギ大さじ1を入れます。上からスプーンで撫でるようにして、練りごま層の中にネギを埋め込んであげます。

6

ネギを埋め込んだら、ごま油小さじ1を入れます。軽くなじませてから、自家製ラー油を小さじ1/2。なじませて、これでタレが完成です。ラー油はもちろん市販のものでもかまいません。

7

盛り付けるときに、練りごま層をスプーンでよけてあげると下から液体が見えてきます。最初に下の液体をかけてあげて、鶏に甘酢と醤油をなじませてあげる。で、最後に上の練りごまをかけてあげる。このために2層にするんです。

自宅で作る楽テク

なんでかというと、ぜんぶ混ぜたドロドロのソースを蒸し鶏にかけても、なじみにくいんです。味がしみた鶏肉の上からごまのタレをモリッとかけましょう。

8

約1cm幅に切った鶏むね肉、キュウリとトマトを盛り付けて、タレをかけて完成です。このタレだと、食べるとまずごまの風味が来て、その後に味覚としての塩分の味がしてくる。ごまの味を大事にしたかけ方なんですね。

雲白肉 薄切りゆで豚肉のニンニクソースがけ

甜醤油の豊かな香りとニンニクの強烈なパンチとの組み合わせで
しゃぶしゃぶした豚肉をぺろりと食べてしまう雲白肉。
よだれ鶏の甜醤油と回鍋肉の豚肉を合わせると、簡単にできちゃいます。

材料
(2人前)

- ◉豚バラスライス（しゃぶしゃぶ用）　100g
- ◉キュウリ　1本
- ◉甜醤油　適量（※ P57参照。ニンニクと同量以上）
- ◉ニンニク　2片
- ◉自家製ラー油　適量（※ P68参照）

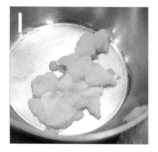

ソースはニンニクと甜醤油だけ。とっても簡単です。まずはニンニクをすりおろします。加熱しないでそのまま食べるので、チューブよりはフレッシュを使うほうがおいしいです。雲白肉は「薄切りゆで豚肉のニンニクソースがけ」ってお料理になるので、ニンニクは大事です。

なぜおいしくなるの?

よだれ鶏のところでつくった甜麺醤を使う四川料理の代表的な料理です。四川料理屋さんにはよくあるメニューだと思うんですが、家でつくる人ってなかなかいないんじゃないかと。がんばって甜醤油をつくったなら、これも楽しめるんですよ。

すりおろしたニンニクと同量の甜醤油を入れましょう。大さじ1同士、くらいの感覚です。まあ「おいしそうに見える」比率でいいです。甜麺醤の香辛料の香りと、ニンニクがガッと手を組んだおいしさはヤバいですよ。中毒性ありますね。はい、これでソースができました。

キュウリを切りましょう。薄切りになればいいので、ピーラーでピューって削いじゃえば簡単です。ただ僕は料理人なので、包丁で切って見せますね。

キュウリを氷水にさらします。ピーラーでやったものも氷水に入れるときれいに波打つんです。キュウリに張りがでてくるので、リボンのようにくるりと丸めて飾り盛りするとかっこいいです。

お肉は半分に切ります。そのままだと、ちょっと長いので食べにくいですからね。

自宅で作る楽テク

お肉はしゃぶしゃぶ用の豚バラスライスで十分です。豚肉の塊をボイルしたものを「白肉（パイロウ）」っていうんですけど、肉を薄切りにして茹でたときに脂身のところが波打って雲のように見える。雲のように見える白肉、ってことで「雲・白・肉」なんです。

さて、お肉をしゃぶしゃぶして行きましょう。お湯の温度は90℃くらいです。沸騰しちゃうとお肉が固くなっちゃいます。火が通ったら、すぐにあげてしまって大丈夫です。

お皿にお肉を並べていきます。お肉のフチが波打ってますよね。こうやって盛り付けるときには、フチをきれいにそろえて並べたほうがおいしそうに見えます。

タレをかけます。たっぷりかけたほうがおいしいです。こういう使い方すると、甜醤油があっという間に無くなっちゃうんですよ。そして、ここにさらにラー油を回しかけます。ウソだと思うでしょうけど、たくさんかけたほうがいいんです。3周くらいしましょう。最後に飾りキュウリをパッとをのせたら、雲白肉の完成です。

麻婆春雨

ご飯がすすむピリ辛の刺激
麻婆春雨

麻婆春雨に近い四川料理は「螞蟻上樹（マーイーシャンシュー）」。
直訳すると「木登りするアリ」。春雨を木に、肉味噌をアリに見立てた名前です。
スープを吸った春雨から肉味噌の深いうまみが染み出す絶品オカズです。

材料
（2人前）

【麻婆春雨】
- 春雨　100g（※水で戻した状態）
- 肉味噌　80g（※ P38 参照）
- 長ネギ　30g
（※みじん切りにしておく）
- 鷹の爪　1本（※手で半分に折る）

- 万能ネギ　5g（※ちらす）
- ニンニクチューブ　小さじ1（5g）
- 生姜チューブ　大さじ1（15g）
- 豆板醤　大さじ1（15g）
- サラダ油　大さじ2（20g）
- 料理酒　大さじ1（15g）

- 鶏ガラ中華スープ
（※粉末を溶いたもの300cc）
- 醤油　小さじ1（5g）
- ごま油　小さじ1/2

1

切りものはふたつだけです。長ネギ30g、だいたい1/4本くらいをみじん切りにしてください。万能ネギは色味なので小口切りでちょっとあればいいです。あ、春雨は水で戻して、食べやすい長さにカットしておいてください。

自宅で作る楽テク

春雨は水で戻した状態で100g使います。だいたいの目安ですが、乾燥の春雨を水で戻してやると、重さは5倍くらいになります。

2
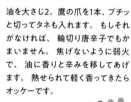

油を大さじ2。鷹の爪を1本、プチッと切ってタネも入れます。もしそれがなければ、輪切り唐辛子でもかまいません。焦げないように弱火で、油に香りと辛みを移してあげます。熱せられて軽く香ってきたらオッケーです。

火加減レベル　弱火 ■■■■

3

ここにニンニク小さじ1、ショウガ大さじ1。ショウガの香りがポイントなので多めに入ってます。そして豆板醤大さじ1。火は弱火です。香辛料は焦がさない、香りを立たせる。豆板醤は色と辛みを出す。これを意識するだけで、グッとおいしい料理になります。

火加減レベル　弱火 ■■■■

4

香りが出てきました。そしたら火を消して、肉味噌80gを入れます。料理酒大さじ1。鶏ガラ中華スープを300cc入れます。また火を点けて。醤油を小さじ1。スープを入れたらそんなに焦げることはありません。落ち着いて、冷えて固まってる肉味噌を軽く溶いてください。沸いたら勝手にほぐれてきます。

火加減レベル　強火 ■■■■

5

春雨100gを入れます。水はよく切っておいてください。強火で煮て、春雨が味とスープを吸ってくれるのをちょっと待ちます。40秒。まだかなりシャバシャバですよね。

火加減レベル　強火 ■■■■

6

2分経ちました。火はずっと強火です。けっこう水分が減ってきましたよね。春雨が吸うのを考えて300ccにしています。これくらい煮つめて春雨にスープを吸わせます。

なぜおいしくなるの？

春雨って、ある程度スープを吸わせておかないと、盛り付けて食べようってときになってスープが無くなってしまいがち。だから、ちゃんとここで吸わせてあげる。炒めるというより「煮る」イメージです。

火加減レベル　強火 ■■■■

7

火を消して味見します。ここにきざんだ長ネギを入れます。火を点けて軽く混ぜます。ざっと混ざったら火を消してOKです。

火加減レベル　消火 ■■■■

8

最後にごま油小さじ1/2を入れます。器に盛ったら万能ネギをパッと散らしましょう。これで完成です。

つくっておきたいストック食材 PART-2

自家製ラー油があると、こんなに便利!

四川料理に欠かせないラー油。人長さんのレシピでもよく使われます。
自家製ラー油をストックしておくと、たくさん使えて楽しいです。
辛さや香りを自分好みに調整できるのも高ポイント。ぜひやってみましょう。

材料
自家製ラー油（500ml 分）

◉油　500ml（※サラダ油でも可。菜種油がおすすめ）

【香味油】
◉長ネギ　100g（※青い部分がベスト。だいたい丸1本使うイメージで。フラ イパンに入るサイズに切る）
◉生姜　40g（※皮付きでよい。5mm くらいのスライス）
◉鷹の爪　10g（※半分に切る。タネも入れる。辛さの好みで増減）
◉花椒（粒）3g（※もっと辛くした い人は1.5倍で。しびれがいらない人は入れない方が良い）

【唐辛子】
◉一味唐辛子　100g
◉水　30ml

今回はラー油を500mlつくります。材料を調節すれば、半分でも、1/4の量でもできますよ。本場でもわりとイイカゲンな感じで作ってるんで、気楽にやってみましょう。ポイントは下に沈んでる「唐辛子の粉」です。せっかく手づくりしたんだから、この辛みを楽しんでください。

フ ライパンに油を入れて、中火くらいで温めながら、ネギ、ショウガ、花椒、唐辛子の香味野菜を入れます。油がグツグツ沸いたら火を弱めます。なんで火を弱めるかというと、ガンガン火を全開にしちゃうと、油に香りが移る前に材料が焦げちゃうんです。このまま約10分、弱火でコトコトと沸かします。危ないので目を離さないように注意してくださいね。

火加減レベル　中火　▼　弱火

ス テンレスボウルに唐辛子の粉を100g入れます。ここにお水を30cc、少しずつ入れます。熱い油を使うので、ボウルはステンレスのものを使ってくださいね。プラスチックのボウルだとメロッと溶けちゃいます。そんなことになったら、危ないですよ。

自宅で作る楽テク

辛さの調整は、唐辛子の量でやってください。25gの幅で増やしたり減らしたりするといいでしょう。もちろん、花椒が無ければ、入れなくてもいい。好きなやり方で作ってほしいですね。

唐 辛子全体に水を含ませます。軽く握ってお団子になるくらいがちょうどいい具合なんですよ。なんでお水を入れるかっていうと、乾燥した粉に沸いている油をそのまま入れると、焦げちゃうじゃないですか。だから、焦がさないための水なんです。この水分で、油の熱をいったん和らげるわけです。

香 味野菜を揚げて10分経ちました。黒くカリカリになりました。油に香りが移った状態です。辛さだけじゃなく、複雑ないい香りになっています。調理中ですけど、ここでも香りを楽しんでください。

火加減レベル　弱火

注意！ これは NG!

焦がさないように、そして高温になりすぎても危ないので、火にかけたフライパンからは離れないようにしましょう。

香 味野菜を取り除きます。 危ないのでいったん火を止めます。 花椒や唐辛子の種などの細かいものが下に残っちゃってもいいです。 ただ、ネギと生姜だけはきちんと取ってください。 水分があると、カビが生えやすいんです。 香味野菜を取り除いたら、もう1回火を全開にして沸かします。 火傷すると危ないので、ここは細心の注意を払ってやってください。 油の温度はだいたい180℃です。

火加減レベル　　強火　　∎∎∎∎

油 の温度をしっかり上げてから、 レードルで唐辛子のボウルに入れます。 180℃の目安は、 油をたらすと唐辛子がジャジャーとなるくらい。 これが目安です。 直前でちゃんと沸かして生の唐辛子に火を通してあげることで、 より香ばしさが増すんです。 油の温度が低いとちょっと生っぽくなるし、 お水も入れているのでカビの原因にもなってしまいます。 フライパンから一気に流しても大丈夫なんですけど、 最初はちょっとずつやってあげないとダマになりやすいので注意が必要ですね。

唐 辛子が生のまま残らないように、 菜箸などの長い道具でしっかり底まで混ぜてください。 底の方に水分を含んだ唐辛子の粉が残るとカビたりしてしまいます。 そして、 この混ぜる作業、 あまり力いっぱいやるとボウルが傾いたりしてちょっと危険なので気をつけてくださいね。

温 度が高いから、 このようにしばらく泡が出続けますね。 粉が沈殿して、 冷めたら完成です。 しっかり冷めてから使いやすい容器に移し替えましょう。 できたてよりも、 2〜3日置いたほうが馴染んで辛味も出てきます。 下に沈んでいる粉もうまいんですよ。

自宅で作る楽テク

日にちを置くと色も香りも変わってきますので、そこも楽しんでください。上澄みがなくなってきたら、下の粉をザルで漉してあげるとまたラー油が出てきます。極力1ヵ月以内に使い切りましょう。

自家製ラー油を使ったかんたんレシピ

自家製ラー油のたたきキュウリ

ラー油のうまさが正面に出てくる、ラー油の料理です。
ポイントは下に沈んでる粉。せっかくの手づくりなんだし、これを使わない手はないです。
キュウリはセロリや焼きネギに、ザーサイはタクワンに変えてもおいしいですよ。

材料
（2人前）

- ●キュウリ　1本
- ●ザーサイ　1パック
- ●ごま油　小さじ1
- ●塩　ひとつまみ
- ●自家製ラー油　大さじ1
  （※お好みでかける量を調節）

煎 り焼きしたり、焦がしたネギでもおいしいですよ！

1 キュウリのヘタを落とし、包丁の平でペチンと叩いて手でちぎる。ポリ袋に入れて棒で叩いてもいいです。包丁で切るより、このほうが味が染みやすいんですよね。そしてコンビニで買ってきたザーサイをボウル入れます。

2 お塩をひとつまみ。ザーサイとラー油で味付けはほぼ大丈夫なんですが、キュウリをしんなりさせるための塩です。最後にまた塩で味を調整しますので、ここで入れすぎに注意。「しょっぺ！」ってなりますよ。

3 そしてラー油を好きなだけかけましょう。できればオイルだけじゃなくて沈んでいる唐辛子の粉も入れてほしいですね。自家製ラー油の醍醐味を楽しみましょう。さらに、ごま油を小さじ1杯、足します。

4 優しくモミモミしましょう。つまみ食いして味を見ます。味の調整は塩で行いますが、ザーサイにも塩分があるのでご自身の好みで加減してください。これで完成です。

CHAPTER 03

「熱菜」の章

熱菜は、いわば中華料理のメインディッシュ。
テーブルの真ん中にドーンと置けるおいしい主役です。
先の二章と比べて、こちらは
シビ辛テイストを追求しない方向の中華料理となります。
本格的なオカズから簡単においしくできちゃうおつまみまで。
作ってみたくなる料理です。

回鍋肉

四川式ホイコーローと日本式ホイコーロー

回鍋肉とは「肉が鍋に回帰する」という意味の家庭料理です。
手元にある食材でチャチャッと作るものなので、決まったレシピはありません。
四川式回鍋肉と日本式の回鍋肉。ぜんぜん違うふたつの回鍋肉を食べ比べてみてください。

 # 四川式回鍋肉

材料
(2人前)

- ●皮付き豚バラブロック　250g
（※500gのブロック肉を茹でて、250g切り出して使う）

- ●芽ニンニク　1束
（※できれば葉ニンニクを1本）
- ●長ネギ　1本
- ●ニンニク　2片
- ●生姜　20g
- ●油　大さじ1
- ●鷹の爪　10g（※半分に切って、

種子は抜いておく）
- ●豆鼓　10g
- ●豆板醤　大さじ1/2
- ●ピーシェン豆板醤（郫県豆板醤）
　大さじ1（※豆板醤で代用可）
- ●甜麺醤　大さじ1
（※なければ砂糖　小さじ1）

- ●紹興酒　大さじ1
（※料理酒で代用可）
- ●酒醸（チューニャン）　大さじ1
（※みりん、甘酒でも代用可）
- ●醤油　小さじ1/2
- ●自家製ラー油　適量（※P68参照）

まず500gの塊の豚バラを茹でます。お湯を沸騰させたら火を弱めて、ポコポコと揺れるくらいの火加減で入れましょう。目安は1時間半。串を刺して血が出ないようであればOKです。ただし、アクは取ったほうがいいですね。

火加減レベル　　トロ火　　◖◗◖◗◖◗◖◗

注意! これは NG !
茹でた肉を冷蔵庫に入れちゃうと、どうしても固くなっちゃうんです。理想は冷やさないほうがいいんですけど、常温でゆっくり冷ますと固くなりません。

このお肉を常温で冷やしてから、ピェン（※P124参照）に切ります。お肉の繊維を断ち切る方向に切ります。繊維に沿って切ると食感が固くなってしまうんです。均一な厚さでスライスします。2〜3ミリくらいですね。で、切り出したぶん、250gを使います。

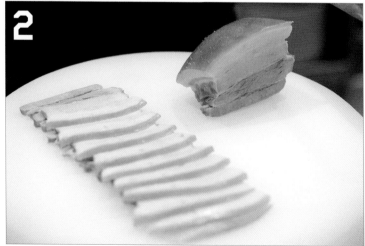

3

野菜を切ります。長ネギは、中華では「片（ピェン）」、スライスです（※P124参照）。ここで隠し包丁を入れると、食感も良くなり、しかも火が通りやすくなります。

なぜおいしくなるの？

ネギは生だと辛いので火は通しておきたい。でもペラペラに切ると、スカスカの食感になっちゃう。火は通ってるけどスカスカにしたくない。そのための隠し包丁なんです。

4

葉ニンニクです。上の葉っぱはザクザクと切り、真ん中の白いところはまわし切り。根本は硬いので縦方向にふたつに割って大きさをそろえて切ります。泥がついてたりするので、これらを水で洗います。ニンニクとショウガは繊維を断ち切るようにスライスです。

5

スライスした肉を焼きますよ。フライパンに油を大さじ1。豚肉からも油が出ますが、油がまったくないとくっついちゃうので、安全策です。肉を入れるときはいったん火を止めてください。油が跳ねてあぶないんです。肉が重ならないように並べて、強火。跳ね始めたらすぐにフタをして、軽く焼き目がついたらひっくり返して両面を焼きます。焼き目をつけた肉はお皿に逃しておきます。

火加減レベル　　強火　　　■■■■

豚 肉から出た油を利用してニンニクを炒めます。 焦げないように、ずっと弱火です。 ちょっとキツネ色になったら鷹の爪10gを入れます。 半分に切って、 種子は抜いておきましょう。 鷹の爪の香りが出てきたら次にショウガ。 生姜の香りも上がってきたら、 火を消しますね。

火加減レベル　　弱火　●●●○○

自宅で作る楽テク

ずっと弱火です。 香辛料や香味野菜は焦がしちゃうとおいしくなくなります。 火を消しながら進めたほうが、 安心で確実です。

火 を消した状態で、 豆鼓10gを入れます。 さらに、 ピーシェン豆板醤を大さじ1と、 普通の豆板醤を大さじ1/2（ピーシェン豆板醤がない場合は、 豆板醤を大さじ1）。 そして火をつけます。 焦がさないように、 あくまでも弱めの火力ですよ。

火加減レベル　　弱火　●○○○○

こ こで紹興酒か料理酒、 大さじ1。 これは食材を焦がさないための水分です。 香りが出てきましたら、 甜麺醤を大さじ1。 次に酒醸を大さじ1。 これが回鍋肉の醤（ジャン）になります。

火加減レベル　　弱火　●●○○○

なぜおいしくなるの？

豆板醤の種類によって塩分が違うので、 ここで味見をしておきます。 塩分がもの足りないと感じたら、 醤油を追加で小さじ1/2ほど入れてみてください。

9

い よいよ完成までいきますよ。醤（ジャン）ができたフライパンに、逃しておいた豚肉を入れます。豚肉の次に、長ネギ。葉ニンニクも投入していきましょう。

火加減レベル　　弱火　　●●●●

自宅で作る楽テク

芽ニンニクを使う場合は、先に軽く炒めてあげたほうがいいかもしれないですね。どうしても固いので、先に別途で火を入れたほうがいいかもしれません。

10

全 部入れたら、火を全開にします。あまりガンガンやると豚肉がちぎれちゃうので、やさしく混ぜましょう。醤（ジャン）がちゃんと混ざるように、重なってる肉ははがしてあげます。ネギで味を見て、足りないと感じたら醤油で調整します。最後は自家製ラー油（市販のラー油でももちろん可）を回しかけて仕上げましょう。

火加減レベル　　強火　　●●●●

11

本 場・四川の回鍋肉の完成です。日本の中華料理屋さんで見かける回鍋肉とは、ぜんぜん違うものですよね。四川の回鍋肉は、どっちかというと「肉を食べる料理」なんです。

日本式回鍋肉

材料
(2人分)

- ●豚バラ肉　250g
  （※四川式回鍋肉をつくったときの残りの皮付き豚バラブロック 250g でも可）
- ●長ネギ　1/2本
- ●ピーマン　1個
- ●パプリカ　分量外

- ●キャベツ　200g
- ●油　大さじ1
- ●調味料
- ●ニンニク　2片
- ●生姜　20g
- ●豆鼓　10g
- ●豆板醤　大さじ1/2

- ●紹興酒　大さじ1
- ●甜麺醤　大さじ2
- （※なければ砂糖　小さじ2）
- ●酒醸（チューニャン）　大さじ1
- （※みりん、甘酒で代用可）
- ●ごま油　小さじ1/2

ネ　ギ、ピーマン。あればパプリカをこのサイズ、この量で使いましょう。パプリカは色味で使っているので、なければ使わなくても大丈夫です。ネギの切り方は四川式と同じです。ピーマンやパプリカはひと口サイズに切ってくれればオッケーですよ。

キ　ャベツは芯を落として、ひと口サイズに切ります。芯は包丁の平たい部分で軽く叩いて割ってやると、火の通りが良くなりますよ。ニンニク2片は、包丁でペチンと叩いてから、みじん切り。ショウガ20gは皮をむいて、みじん切り。

日　本式は皮付きのブロック肉を使う前提ではないので、パック入りのスライス肉でも大丈夫です。豚バラ肉250gを食べごろなサイズに切ってください。四川式回鍋肉をつくったときに茹でた豚肉ブロック500gの残り半分があれば、ちょうど250g余っているはずなので、そいつを使うのがおすすめです。

お店では具材に油通しをするんですけど、おうちではフライパンで炒める方法でいきましょう。キャベツ、ピーマン、パプリカを先に軽く炒めておきましょう。で、キャベツやピーマンがいい感じにピカピカしてきてから、ここでネギを入れてサッと炒めて、お皿にどけておきます。

火加減レベル　　強火　　●●●●

次に豚肉を焼きます。強火で焼くので油がバチバチと跳ねるかもしれません。そのときはフタで防御しましょう。両面がきれいに焼けたら、お肉もどけておきます。肉から油がたくさん出ますが、この油は醤（ジャン）をつくるのに利用しますよ。

火加減レベル　　強火　　●●●●

肉をどけて空いたフライパンに、ニンニク、生姜を入れます。豚の油を利用して醤（ジャン）を炒めますね。みじん切りにしているから、すぐに香りが立ちますね。焦げちゃうので、いちど火を止めて。豆鼓10g、豆板醤大さじ1/2。はいここで火をつけて。

火加減レベル　　　消火　　●●●●
　　　　　　　　　▼
　　　　　　　　　弱火　　●○○○

ここに紹興酒大さじ1。豆鼓と豆板醤も炒めて、香りと辛味を出してあげましょう。香りが上がってきたらまた火を止めて。甜麺醤大さじ2、酒醸大さじ1。糖分があるものは焦げやすいので、後半に入れるんです。これで醤（ジャン）の完成です。

火加減レベル　　弱火　　●○○○

軽く火を通しておいたピーマン、パプリカ、キャベツ、ネギ、焼いた肉を醤（ジャン）が入ってるフライパンに移します。ちゃんと味が具材にからむように、かつ豚肉が切れないように、しっかりやさしく混ぜながら、醤油を小さじ1/2入れます。

火加減レベル　　強火　　　　　◖◖◖◖

肉が重なってるところは、どうしても味がのらないので、ちゃんとはがしてあげましょう。全体がしっかり混ざったら、いちど味を確認します。もし薄かったら、甜麺醤を足してください。火を止めて、仕上げにごま油を小さじ1/2入れましょう。

火加減レベル　　強火　　　　　◖◖◖◖

肉を食べるのがメインだった四川式回鍋肉と比べて、日本式の回鍋肉は野菜もおいしく食べられるようになっています。同じ「食材を鍋に繰り返し戻す」料理ですけど、ぜんぜん違いますよね。日本式の回鍋肉は、陳建民さんが日本で手に入る食材で簡単につくれるよう、アレンジした回鍋肉なんです。

おなじみの日本式の回鍋肉の完成です！これ、ご飯がホントにすすむんですよね。

青椒肉絲 シャキシャキ野菜の チンジャオロース

ピーマンシャキシャキのおいしい青椒肉絲のポイントは3つ。
食材のサイズをそろえる・お肉の下味処理「チャン」・火を通しすぎない。
火力がなくても問題なし。お店レベルのシャッキリおいしいレシピです。

材料 (2人前)

◉豚バラ スライス 100g （※豚モモや牛肉でも可） ◉卵 全卵40g ◉酒 小さじ1	◉醤油 小さじ1 ◉片栗粉 10g ◉ピーマン 3個 ◉赤パプリカ 1／4個または赤ピーマン 1個 ◉タケノコ 60g ◉ショウガ 小さじ1 ◉ネギ 大さじ2	◉サラダ油 （※適宜使います） ◉ごま油 小さじ1/2 【合わせ調味料】 ◉砂糖 小さじ1 ◉酒 小さじ2 ◉醤油 小さじ2	◉みりん 小さじ2 （※チューニャン／酒醸、甘酒でも代用可） ◉オイスターソース 小さじ2 ◉水 小さじ6 ◉テーブルコショー 適量 ◉水溶き片栗粉 小さじ1 （※粉1：水1の割合で）

ピーマン、パプリカ、タケノコを切ります。すべてを同じサイズに切ります。今回はピーマンがメインなのでシャキシャキに作りたい。細すぎると火が入りすぎて、ヘニャヘニャしちゃう。そのために太さはこのマッチ棒よりちょっと太いくらいのサイズ。これがベストです。この切り方が青椒肉絲の「絲（スー）」なんですね。詳しくはP124を読んでください。

豚バラのスライスです。生の状態だとクニュクニュして切りにくいですが、凍っている状態のままだときれいに細切りにできます。ちなみに部位はモモでもバラでもおいしいです。

なぜおいしくなるの？

とにかく、すべて同じ大きさ・細さにそろえることが大事なんですよ。なぜかって、火の通りを一緒にするためです。食感も良くなり、そのほうがおいしく仕上がります。

細切りにした豚肉が溶けたらチャン（※P126参照）しましょう。酒小さじ1、醤油小さじ1で下味をつけます。溶いた全卵40gは2回に分けて吸わせて、最後に片栗粉10gで止めます。豚肉に卵液を吸わせるんですが、いちどに全量を入れてしまうと肉がびっくりして吸いきれないことがあるので、2回くらいに分けるんです。

ショウガとネギは末（モォ）に切ります。ショウガは市販のチューブのものを使用してもいいですよ。臭み消しで入れるものなので、香りは強めに出てほしいんですよね。なので、できるだけ細かく刻んでおくとナイスです（※P124参照）。

タレを合わせます。砂糖小さじ1、酒小さじ2、醤油小さじ2、チューニャン小さじ2。これはみりんでも甘酒でもいいです。オイスターソース小さじ2、水小さじ6。そのままだと味が濃いので、水で伸ばしてあげます。テーブルコショーを「パッパッパ」で適量ですね。ここで味見。ここに水溶き片栗粉を小さじ1。水と片栗粉は1:1です。生の片栗粉を食べるとお腹が痛くなっちゃうんで、味見は片栗粉を入れる前にやりましょう。

野菜を先に炒めていきます。フライパンにサラダ油を大さじ1。中火です。先にタケノコを入れていきます。水煮の場合は油の跳ねに注意です。チリチリしてきましたらピーマンとパプリカを入れます。軽くあおって、ピーマンに油をまとわせます。野菜に軽く熱が通ったら火を止めて、いったんボウルに逃します。

火加減レベル　　中火　　　　　　　

フライパンはそのままで、大さじ1の油を入れて、チャンした豚肉を入れます。火を点ける前に、お肉をフライパンの上でほぐしてあげてください。先に火を点けていると、お肉を入れたときにダンゴになってしまうんですよ。お肉がほぐれてから火を点けます。中火です。細切りのサイズにそろえても、ここで塊になっては元も子もないので箸は動かし続けてください。

火加減レベル　　中火

お 肉に火が通ってきました。 ちゃんと細かくバラけていますよね。 そしたらここに、 先ほど炒めておいた野菜を戻します。 お肉にちゃんと火が通ってからですよ。 野菜を先に炒めておいて、 短時間でキメるのでシャキシャキ感が出せるのです。

火加減レベル　　中火

肉 と野菜を合わせてあげて、 まあ30秒くらいですかね。 ピーマンに火が通ってきたら、 真ん中を空けて、 ショウガ小さじ1とネギ大さじ2。 しんなりして香りが上がってきましたね。

火加減レベル　　中火

なぜおいしくなるの?
豚肉のくさみを抑えるため、 ショウガとネギは入れたほうがいいんですね。

こ こにタレを入れます。 片栗粉が底に溜まっているので、 よく混ぜてから。 タレを半分くらい入れたらいったんストップ。 味が濃くなってしまうとリカバリーが面倒ですから、 味付けはタレ半分から。 そしたら火を全開にして、 ゆっくりゆっくり混ぜてあげます。 焦らないでいいです。 味見を繰り返して、 タレを追加して、 ちょうどいい感じにします。 作ったタレは、 ぜんぶ使わなくてもいいんです。 1回火を止めて、 ちょこちょこ味を見てあげるのが大事ですね。

火加減レベル　　強火

仕 上げにごま油を小さじ1/2たらします。 ごま油には、 あまり火を通さないようにしましょう。 せっかくのいい香りが飛んじゃうので。 ほい、 これで完成です。

自宅で作る楽テク
ほら、 ちゃんとピーマンがシャキシャキと立ってるでしょ。 強火でガンガン炒めなくても、 ちゃんと火から外してあげるなどのポイントを押さえていれば、 お店みたいなシャキシャキの青椒肉絲ができるんですよ。

宮保鶏丁

甘辛だれ&にぎやか食感
鶏肉のカシューナッツ炒め

カシューナッツ入りはアメリカ発祥。中国ではピーナッツを使う中華料理です。
宮保鶏丁の「丁」は「さいの目切り」という意味でもあり、
この料理を好んだとされる役人の名前でもあります。

材料

(2人前)
◎鶏もも肉　100g
◎塩　ひとつまみ（1g）
◎胡椒　少々

◎醤油　小さじ2（10g）
◎卵　20g
◎片栗粉　大さじ3（20g）
◎サラダ油　大さじ2
◎ピーマン　1個（約40g）
◎赤ピーマン　20g
◎黄ピーマン　20g

◎カシューナッツ　15g
◎長ネギ　20g
◎生姜　10g
◎鷹の爪　2本
◎砂糖　大さじ1.5
◎醤油　大さじ2
◎酢　大さじ1

◎酒醸　小さじ2（※なければ甘酒で代用）
◎鶏ガラ中華スープ　20cc（※粉末を水で溶いたもの）
◎水溶き片栗粉　小さじ1
◎花椒油（※P56参照）
◎サラダ油　大さじ4

この料理は食材の大きさをそろえてほしいんです。ぜんぶ丁（ディン：サイの目切り）のサイズにしてほしいんですね（※P124参照）。まずピーマン80gを切ります。赤や黄色は食卓が鮮やかになりますけど、基本的には緑があれば十分ですよ。

長ネギも丁（ディン）にします（※P124参照）。この料理はですね、ネギがうまいんですよ。いちおう20gと書いてますが、お好きな人は多めに入れてくださってもOKです。ショウガ10gは、皮をむいて薄切りにしてくれれば大丈夫です。薬味としてのショウガです。

鶏肉は100g。もちろん丁（ディン）に切って使います（※P124参照）。厚みをそろえて、スジを切って、細く切ってから刻む感じです。鶏肉のサイの目切りってイメージしにくいかもしれないですけど、こんな感じです。

なぜおいしくなるの？

鶏肉は開いてあげて厚さを同じにしましょう。触って軟骨がないかチェックして、あれば取ってください。スジも硬いんで外します。軽くトントントンと筋切り。やりすぎるとボロボロになっちゃいますよ。

鶏肉をチャンします（P126参照）。塩をひとつまみ。100gの鶏肉に対して1gですね。胡椒、少々。醤油小さじ2。ここに全卵を20g。卵は最初からぜんぶ入れていいです。牛肉や豚肉のチャンは吸わせますが、鶏肉はそんなに吸わないんで、衣をつくるイメージです。卵液をまとわせたら片栗粉を大さじ3。これも混ざればOKです。片栗粉がダマになったり残ったりしないように。

次に合わせ調味料をつくっていきます。砂糖が大さじ1.5、醤油大さじ2、お酢大さじ1。酒醸小さじ2ですが、なければ甘酒で代用してください。ガラスープの粉末を溶いたもの、20cc。これをよく混ぜます。砂糖が溶けたらOKです。ここに水溶き片栗粉を小さじ1。これで合わせ調味料の完成ですね。

なぜおいしくなるの？
この方法だと、タレ自体が「味付き水溶き片栗粉」みたいになってます。この合わせ調味料はまず火を消した状態で入れて、混ぜてから火を点けると、ダマになりにくいです。

フライパンにサラダ油を大さじ2。中火で火を点けて、鶏肉を入れます。熱くなる前に入れてください。中火なのは、カリッと仕上げるためです。ほぐしながら、両面を焼いていきます。ここに鷹の爪2本をパリッと割って入れて、辛みを鶏の中に染み込ませてあげるんです。きつね色になったらひっくり返してください。

火加減レベル　　中火　　　　　　　　　

鶏肉に6〜7割くらい火が通ったら、ショウガとネギの薬味が入ります。弱火にして、薬味の香りを出してあげましょう。焦がさないように。鶏肉は、ここではまだちょっと生くらいでも大丈夫です。最後にちゃんといい火加減になるので、安心してください。

火加減レベル　　弱火

ピーマンを入れます。 ピーマンを入れるのを後半にすると、 火入れの時間が短くなってシャキッとした歯ごたえにできますね。 肉、香味野菜、食べる野菜の順番で炒めることで、 火の通り方を調整しています。 おいしい食感で食べたいですからね。

火加減レベル　　弱火　　●●○○

ざっくり炒めてピーマンに火が通ってきたら、 いちど火を止めて、 合わせ調味料を入れます。 底に片栗粉が沈殿しているので、 入れる前によくかき混ぜてください。 混ぜたら調味料をまわりにグルっと入れてあげます。 合わせ調味料にはとろみをつけるための片栗粉が入っているので、 火を止めてから入れるのがとても大事です。 でないとダマになっちゃいます。

火加減レベル　　消火　　○○○○

ここで、 また火を点けます。 すぐにガーッと混ぜるとタレがにごっちゃうんで、 ちょっと待っていてください。 ほら、 とろみが出てきましたね。 出てきたら、 軽くサッサと混ぜてあげて、 はい、 これで火を消してください。 タレにとろみが出て、 具と絡んだら、 完了ですよ。

火加減レベル　　中火　　●●●○

花椒油を小さじ1回しかけます。 この花椒油はよだれ鶏をつくったときと同じものです （※P56参照）。 カシューナッツは、 火を止めてから入れます。 で、 ぐるっと混ぜたら完成です。 ちなみに中国ではピーナッツを使うのが伝統的な方法です。 カシューナッツは 「アメリカ風中華料理」 って感じになりますね。

魚香茄子

麻婆茄子の源流
茄子のスパイシー煮込み

麻婆茄子と似てるけどぜんぜん違うのが魚香茄子。
「魚香」はフナと唐辛子の漬物。でも現在は製法不明なんです。
古の漬物の独特の風味を唐辛子を発酵させて再現した、四川省の人が好きな味です。

材料 (2人前)

◉茄子　200g	◉ニンニクの芽　1本（10g）	◉ニンニクチューブ　小さじ1	◉塩　ひとつまみ
◉肉味噌　100g	◉パプリカ　10g	◉生姜チューブ　大さじ1	◉水溶き片栗粉　大さじ1
	◉長ネギ　20g	◉豆板醤　小さじ1/2	◉ごま油　小さじ1
	◉鶏ガラ中華スープ	（※泡辣椒がない場合は大さじ1入れる）	◉黒酢　小さじ1
	（※粉末を水で溶いたもの　200cc）	◉砂糖　大さじ1	◉泡辣椒／唐辛子の塩漬け　大さじ2
	◉サラダ油　大さじ2	◉醤油　小さじ1	（※なければいれなくても良い）

魚香茄子（ユイシャンチェーズー）は麻婆茄子の原型になったとされる料理です。魚香（ユイシャン）は、昔の四川省で使われていた唐辛子と川魚を漬けた魚醤みたいな調味料なんですが、それがいちど途絶えまして、今は代用で魚を使わない泡辣椒（唐辛子を乳酸発酵させたもの）を使ったものを魚香と呼んでいます。今回は、その魚香を豆板醤で代用したレシピをご紹介したいと思います。

パプリカです。これは泡辣椒に見立てる具材です。豆板醤で代用してつくる場合は、見た目としてこれは大事ですね。食べることがメインではないので、少ししか使いませんが、唐辛子に見えるサイズに切ってください。色味的に華やかな飾りにもなりますし。

野菜を切っていきましょう。長ネギやニンニクの芽は香りを出すためのパーツなので、香りが立ちやすいように切っていきましょうね。長ネギはみじん切り。末（モォ）ですね（※P124参照）。ニンニクの芽1本。こちらはそぎ切りです。

茄子はヘタを落とします。 皮はむかなくてもいいんですけど、 見た目が良くなりますので3本ラインで模様をつけてあげます。 ここは乱切りです。 中国語では「塊（クァイ）」です（※ P124参照）。 切って、 断面を上に持ってきてまた切る。 この繰り返し。 カレーのニンジンの切り方とおんなじです。

ナスを炒めちゃいましょう。 サラダ油を大さじ2。 中火にして、 油がサラッと流れるくらいになったらナスを入れていきます。 あまり火を通しすぎるとクタクタになっちゃいますので、 両面に焼き目がついたくらいになったら、 いちどお皿に移します。

火加減レベル　　中火　　〓〓〓〓

なぜおいしくなるの？
本当は強火でいきたいんですけど、 ナスが油を吸っちゃっているので、 中が焼ける前に表面が焦げてしまいます。 それで、 中火でやってます。

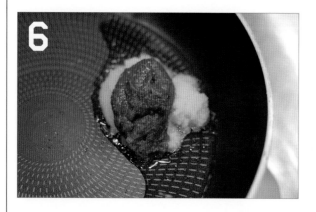

空いたフライパンに油を大さじ1。 ニンニク小さじ1、 ショウガを大さじ1、 豆板醤を大さじ1。 火を点けて、 ここは弱火です。

火加減レベル　　弱火　　〓〓〓〓

なぜおいしくなるの？
ユイシャンの香りを表現するために、 ちょっとショウガを多めに入れます。 ニンニクとショウガと豆板醤で、 ユイシャンの味を表現します。 この3つの分量を変えるだけで、 いろんな味になるんですよ。

香りが出てきたら、 焦げる前に火を止めます。 肉味噌100g、 鶏ガラ中華スープ200ccを入れて火を点けます。 強火全開で大丈夫ですよ。 砂糖を大さじ1、 醤油は小さじ1。 塩は、 全体を引き締めるためにひとつまみだけ入れます。 サッとかきまぜて溶かしてあげましょう。

火加減レベル　　強火　　〓〓〓〓

フ ツフツしてきましたら、 さきほどのナスを入れます。 見た目がかなり麻婆茄子と似ているので、 そりゃ魚香茄子のことを麻婆茄子って呼んじゃいますよね。 気持ちはわかります。 でも、 ぜんぜん味が違うんですよ。 魚香（ユイシャン）の味は特徴ありますからね。 ナスは火を通しすぎないように注意してくださいね。

火加減レベル　　強火

さ あ、 ここでいちど火を止めて味を確認します。 次にネギのみじん切りをドサーッと入れましょう。 このとき一緒に、 ニンニクの芽と色味のパプリカを入れてしまいます。 このあとで片栗粉を入れて煮つめるので、 そのときに軽く火が入ってくる計算です。

火加減レベル　　消火

水 溶き片栗粉を大さじ1入れます。 まずは火を消した状態のまま入れて、 ゆっくり混ぜてから、 こんどは火を全開にしてください。 片栗粉だけで締めようとするとポテっとなっちゃうし、 ナスからも水が出てくるので、 水分を飛ばしながら煮つめていくイメージです。 とろみがついて全体が締まってきたらオッケーです。

火加減レベル　　消火
　　　　　　　　▼
　　　　　　　　強火

仕 上げに、 ごま油と黒酢を小さじ1ずつ。 普通のお酢じゃなくて、 黒酢を入れてあげたほうが風味がすごく出るのでおすすめです。 これで完成です。

韭菜炒蛋

ビールに合いすぎる
肉味噌のニラたまご炒め

肉味噌ストック（P38参照）を利用してすぐにできちゃうニラ玉です。
卵の黄色とニラの緑、食欲をそそる色味です。
そしてプロにとっては当たり前の、卵料理のワンポイントもご紹介します。

材料
（1人前）

- ●油　大さじ2
- ●ニラ　1/3束
- ●肉味噌　60g（※P38参照）
- ●卵　Lサイズ　2個
- ●塩　ひとつまみ
- ●砂糖　ひとつまみ

- ●醤油　小さじ1/2
- ●長ネギ　1／5本
- （※白いところを使用）
- ●水溶き片栗粉　小さじ1／2
- （※水：片栗粉＝1：2の割合で）

1　切りものはニラと長ネギだけです。ネギ1/5本はみじん切りに。ニラは1/3束をみじん切りで。ひと袋がだいたい100gなのでおよそ30g。ふつうに小口切りくらいで大丈夫です。そんなに細かくしなくても、十分にニラの香りは出てくれます。

5　フライパンに油を大さじ1.5。もし油が少なかったら、あとで追加してください。火は中火です。肉味噌（※P38参照）を60gと、ニラを入れます。はい、ニラがだんだん濃い緑色になってきました。いい香りも出てきました。

火加減レベル　中火 ■■■□

2　卵2個を溶いて、塩をひとつまみ。砂糖もひとつまみ。ひとつまみは指2本です。醤油を小さじ1/2。

6　ここに卵を入れます。火は全開で大丈夫です。下に片栗粉がたまっているかもしれないので、よく混ぜてから入れてください。

火加減レベル　強火 ■■■■

3　水溶き片栗粉は小さじ1/2。片栗粉2に対して、水は1の割合です。これを入れるだけで、すごく失敗しにくくなるんです。

なぜおいしくなるの？

なんで水溶き片栗粉を入れるかというと、卵をガチガチじゃなく、ふわっとさせたい。そのためにはあまり火を通さないようにしなきゃいけない。すると、卵液がまわりに流れてきてしまう。それを固めるのが水溶き片栗粉なんです。こうすると、中がとろっとふわっとしたまま固まってくれるんです。

7　ここで、焦らない。火は強火ですけど、ゆっくり大きく混ぜてください。焦って混ぜるとスクランブルエッグみたいにバラけて固まっちゃいますので、卵をまとめるような感じで。片栗粉によってまとまりやすくなってますんで。火が通って生のところが無くなってきたら返してあげます。まとまったら完成です。

火加減レベル　強火 ■■■■

4　ここに長ネギのみじん切りを入れます。かき混ぜて、だいたい混ざったらオッケーです。

8　ほら、お皿に盛ってしばらくしても、お水がぜんぜん出てないでしょ。これが水溶き片栗粉の威力なんです。肉味噌ストックがあると簡単につくれる絶品オカズですよ。

干煸四季豆

シャクシャク食感が楽しい インゲンとひき肉の炒め

四川省ではとってもポピュラーなお料理で、中国料理店に行くと
だいたいメニューにある人気の一品です。ビールにとっても合いますよ。
ザーサイと干しエビの持つうまみを最大限利用できる調理法です。

材料
(2人前)

- ◎いんげん　150g
- ◎ザーサイ　20g
- ◎干し海老　10g
- ◎肉味噌　30g（※ P38参照）
- ◎長ネギ　20g
- ◎サラダ油　大さじ1
- ◎塩　ひとつまみ
- （※いんげんのボイル用として）
- ◎砂糖　小さじ1/2
- ◎醤油　小さじ1
- ◎胡椒　少々
- ◎ごま油　小さじ1

1 いんげんは150gです。上と下、ヘタとヒゲの部分は固いので落としましょう。大きさは半分くらい。スパッと切りましょう。

2 お塩をひとつまみ入れたお湯で、切ったいんげんをサッとボイルしてザルにあけておきます。

自宅で作る楽テク
いんげんはサッと塩でボイルすると青臭さがなくなり、発色も良くなるんです。レンチンだとその効果が出ないので、できるだけ塩茹でがいいんですね。

3 長ネギ20g、干しエビ10g、ザーサイ20g。これらはぜんぶみじん切りにしましょう。末（モォ）ですね（※ P124参照）。ザーサイは味が濃いので、小さく刻んだほうがいいかもしれませんね。

4 サラダ油大さじ1をひいたフライパンに火を点けて、ザーサイと干しエビを入れます。油にザーサイと干しエビの香りを移してあげるんです。やたら跳ねるので、弱火でお願いします。漬物のうまみと、中国の干しエビのうまみが、炒めてあげることで凝縮されるんです。

火加減レベル　弱火 ▮▮▮▮

5 ここに肉味噌（※ P38参照）を入れます。肉味噌にはもともと味が入っているので、炒めるというよりは全体に馴染ませる程度でかまいません。ここにボイルしたいんげんも入れてあげましょう。

火加減レベル　弱火 ▮▮▮▮

6 いちど火を止めて、味を入れていきます。砂糖を小さじ1/2。醤油小さじ1を回しかけます。胡椒を少々。長ネギのみじん切りもこのときに入れちゃいます。

自宅で作る楽テク
中国では唐辛子を入れないんですけど、ピリ辛にしたい人は鷹の爪を入れてもいいですね。

7 そして火を全開に。これが、少なめの油で水分を飛ばしながら炒める調理法「干煸（グァンビエン）」です。いんげんの水分を飛ばし切るのではなく、肉味噌やネギに火が通ればOKです。あまり念入りに炒めるイメージではないですね。

火加減レベル　強火 ▮▮▮▮

8 味見をします。いんげんがシャキシャキしているくらいがおいしいんです。最後にごま油を小さじ1回しかけて。ほら、香りが良くなりましたよ。これで完成です。

CHAPTER 04.
「小吃」の章

中華屋で食べる一品料理のことをざっくりまとめて
「小吃（シャオチー）」と呼びます。
ラーメンや炒飯、餃子に焼売、肉まんや丼もの、
デザートまで、ぜんぶ小吃です。自宅でもよくつくるメニューが、
いつもよりちょっとおいしくなったらうれしいですよね。

什锦炒饭
自宅の火力でつくれる本格チャーハン

キッチンの火力でベストの炒飯をつくるためのポイントは3つ。
炒飯専用のご飯を炊く。炒飯専用チャーシューを焼く。玉子とご飯は限界まで炒めない。
このポイントをキチッと攻めていくと、焦らずにおいしい炒飯をつくれますよ。

材料 (1人前)

【材料】無洗米2合（約300g）でご飯を炊く場合の水の量
●浸水（1時間）させる場合…水290〜300cc

●浸水なしの場合…水350〜360cc
【チャーシュー材料】
●豚肩ロース肉（ブロック）　適量
●醤油　240cc
●砂糖　150g
●オイスターソース　70g
●もろみみそ　50g

【材料】
●角切りにしたチャーシュー　40g
●万能ネギ　10g
●高菜　10g
（※漬物ならだいたいOK。
野沢菜、たくあん、ザーサイなど）
●卵Lサイズ　1個

●ご飯　200g（※お茶碗1杯分）
●塩　1g
●胡椒　適量
●サラダ油　大さじ1（15cc）
●料理酒　小さじ1（5cc）
●醤油　小さじ1（5cc）

チャーハン専用のご飯を炊きます。普通のご飯だと、どうしても水分が多くてベチャベチャになりやすい。チャーハンに最適な、やや固めのご飯の炊き方を見つけたんです。1時間浸水させた無洗米2合に対して、お水290ccです。無洗米の目盛りの「ちょい下」まで水を入れて早炊きモードで炊きます。

なぜおいしくなるの?

もちろんすぐ炊いてもいいんですが、できれば、お米に水を吸わせていてほしいんです。そうじゃないと、中に若干の芯が残る。食べたときにそこがちょっと固いなと感じてしまうんですね。

そして、チャーハンの味はチャーシューで決まります。煮豚じゃなくて焼豚がおいしいんです。まず、タレに漬け込んだ肉を両面焼きます。豚肩ロースを1.5センチくらいの厚さでブロックから切り出します。切ったお肉にフォークでブスブス穴を開けて、味が入りやすくします。ひっくり返して反対側も。どりゃー。

チャーシューのタレのポイントは、この「もろみ味噌」。もろみ味噌って、大麦や麹が入ってるんです。この麹がお肉を柔らかくして、しかもコクや深みを出してくれるという便利食材なのです。これ、スーパーで100円くらいで売ってますから。

タレを合わせます。ボウルにお砂糖150g。醤油を240cc。オイスターソースを70g。もろみ味噌が50g。これを混ぜ混ぜします。中の砂糖がしっかり溶けるまで混ぜるのが目安です。

自宅で作る楽テク

チャーシューってつくるのが大変そうなイメージですけど、実は下準備は「混ぜて漬けるだけ」なんです。

肉をタレに漬け込んで味を染み込ませましょう。肉とタレを袋に入れて、よくもみもみします。キューッと空気を抜いたらくるんと縛って、1時間ほど漬けておきます。楽しみですね。

自宅で作る楽テク

肉は小さい方が早くタレが染み込みます。カレー用の角切り肉であれば30分で味が入ります。でも、お肉は大きい方が見た目も楽しいですし、なによりジューシーにできあがります。

さっそく焼いていきましょう。クッキングシートをフライパンに敷いてください。フライパンを熱くしてからだと火傷しやすいので、お肉をのっけてから火を点けます。火はいったん強火です。お肉のまわりがパチパチしてくるまで強火です。ほらここ、パチパチいい始めましたよ。厚さ1.5センチの肉の場合なら表10分、裏10分でいい感じになるはずです。

火加減レベル　　強火　　■■■■

パチパチし始めたら中火にして、タイマースタートです。10分経ったら、ひっくり返しましょう。いい感じで焦げ目がついてるはずですよ。裏返したらちょっと弱火にして、また10分ほど焼いていきます。

火加減レベル　　中火　　■■■■
　　　　　　　　▼
　　　　　　　　弱火　　■■■■

なぜおいしくなるの？

チャーハンで大事なことって、ご飯がパラパラしてることもそうですけど、僕は、味のキモとなるチャーシューが一番大事だと思っているんです。

チャーシューが焼けましたよ。ほらほら、もろみ味噌の麹がいい感じに焼けて、すごく香ばしいですよね。これがチャーハンのうまみになってくるんですよ。

なぜおいしくなるの？

これ、焼けてすぐに切ると肉汁が出ちゃいます。常温になるまで冷ましておいてから、切りましょう。すると、ちゃんと肉の中にうまみが凝縮された状態になります。

9

さて、ここで1.5センチのチャーシューをさらに半分の厚さに切り、細切りにして、小さい角切りにします。中国では「丁（ディン）」ですね（※P124参照）。角切りにする理由は「食べやすいから」「混ざりやすいから」ですね。

自宅で作る楽テク

このチャーシューですが、全部は使わないので、残りはラップで包んで冷凍しましょう。何か別の料理に使ってもいいし、もちろんおつまみにして食べても最高ですよ。

10

ご飯を炊いてチャーシューを焼いている間に、材料を切っておくといいでしょう。まずは万能ネギ10g。なんならスーパーにあるカット済みの青ネギ、あれを使いましょう。僕もよく買います。まあそれはそれとして、万能ネギはこのくらいのみじん切りにします。

11

次に、漬物を刻みます。チャーハンに漬物を入れるのがポイントなんです。味がすごく出て、それがすごくおいしいんです。今回は高菜の漬物を使ってます。もちろん、野沢菜とかタクアンとか、コンビニで売ってるおつまみザーサイとか、なんでも大丈夫です。

炒 めるご飯は200g。 茶碗だいたい1杯強くらい。 ちゃんと計りましょう。 作るときは、 できれば1人分で。 この量でやってほしいんです。 チャーハンをおいしく炒めやすいのがこの量なんですよ。 めんどくさいですけど、 作るのは1回あたり3分でできるんで。

なぜおいしくなるの?
あっ、ここ注意。 炊けたご飯はすぐには使わず、10分くらい蒸しておくとおいしいです。

今 回は焦らずに自宅の火力でゆっくりチャーハンを作る方法です。 まずサラダ油を大さじ1入れます。 火を点けて、 強火にしてください。 フライパンが温まると油が流れるようになるので、 卵を入れる前に火を消します。 火を消してから、 卵を入れるんです。

火加減レベル	強火	●●●●
	▼	
	消火	●●●●

そ したら。 ヘラで「いーち、 にー、 さーん、 しー、 ごー」 って言いながら、 ゆっくり混ぜていきます。1往復を2秒くらいのゆっくりさです。 オムレツの出来損ないみたいな感じにしてください。 強い火力で、 菜箸ですばやく混ぜるとパラパラに固まっちゃうんです。 火を止めた状態で、 ゆっくり混ぜるのがポイントです。

| 火加減レベル | 消火 | ●●●● |

こに炊きたて熱々のご飯を入れます。こうして火を消したまま、ご飯を切るように混ぜると卵が全体に馴染んでいくんですよ。

火加減レベル　　消火　　■■■■

次に、ここに具を入れます。まだ火は点けてませんよ！　チャーシューが4、ネギが1、高菜が1。4:1:1。この黄金比を覚えておいてください。いままで僕がやったなかで、これがベストな比率なんです。高菜が多すぎるとしょっぱくなっちゃうし、ネギが少ないと風味がなくなっちゃう。4:1:1がベストでしたね。

火加減レベル　　消火　　■■■■

お塩、ひとつまみです。ドバッと入れないで、全体にまぶす感じで。味がひとつのところに偏っちゃったら「しょっぺ！」ってなってしまうので、あくまでも均等に入れてください。胡椒はパッパッパッパと。適量ですね。

火加減レベル　　消火　　■■■■

なぜおいしくなるの？
チャーシューと漬物でうまみ要素はそろっているので、塩、胡椒、そして仕上げの醤油以外に調味料を使う理由がないんです。

ここまでガマンして火を止めていましたが、ここで点火します。一気にいまから強火にしてください。全体に火が入るように混ぜながら炒めます。目安は2分ですね。こう、湯気が出てきます。強火で炒めて水分が飛んでる状態。パラパラになってきています。

火加減レベル 　　強火 ●●●●

なぜおいしくなるの?
ご飯を炊く水の量をうまく計ってやっているので、慌てなくてもおいしくできるんです。ご飯と水の計量がここで生きてくるんですよ。

炒め終わったら1回火を消して、味を確認しましょう。チャーハンをドーナツ状の輪っかにします。強火にして、醤油小さじ1をドーナツの穴に入れてジュッと焼いてください。真ん中で醤油を強火で焼いてから混ぜてあげると、香ばしい香りが立ってきます。

火加減レベル 　　強火 ●●●●

自宅で作る楽テク
ご家庭の場合は火力が弱いので、鍋肌からだと香ばしく焦げる前にすぐ混ざっちゃうんですよ。せっかくなら、香ばしくしたいじゃないですか。

最後に料理酒を小さじ1。米にお酒の蒸気を吸わせてふわっとさせるんです。パラパラかつしっとりしたチャーハンになりますよ。お醤油は香りの役割。お酒はチャーハンを「ふわっとさせる」ための役割です。これで完成です。

自宅で作る楽テク
ただし、お子さんに食べさせる場合はお酒ではなく水のほうがいいですね。アルコールが飛び切らないかもしれないので。

餃子

ひき肉と白菜の旨味を堪能するための焼き餃子

餃子を自作する人はたくさんいます。人の数だけ「ベストの餃子」があるはずです。
この餃子は、白菜から出たおいしい水分が餃子の皮の中で具材を蒸してくれて、
うまみがパンパンに詰まったジューシーな絶品になりますよ。

材料
（40個分）

- ●餃子の皮　40枚（※市販のもの）
- ●サラダ油　大さじ1
- ●タレとして
  醤油、酢、ラー油、胡椒など

- ●白菜　500g
- ●長ネギ　1本100g
- ●ニラ　1束
- ●ショウガ　20g
- ●ニンニク　10g
- ●豚ひき肉　500g

- ●塩　4g
- ●上白糖　6g
- ●醤油　15g
- ●料理酒　10g
- ●胡椒　適量
- ●ごま油　10g

ネギ、白菜、ニラをみじん切りにします。ネギは細かく、白菜とニラは粗くても大丈夫です。ショウガとニンニクは特に細かく刻んでおきます。ニラは水で洗うと水っぽくなっちゃうので、拭いてください。根本に泥がついてたりすることもあるので注意しましょう。

なぜおいしくなるの？

白菜は塩もみなどで水抜きしたりせずに切ったまま使うと、餃子の中に野菜からスープがたっぷり出てきておいしいですよ。

調味料を合わせておいて、肉と練ります。塩4g、上白糖6g、醤油15g、料理酒10g。胡椒は8回くらいパッパします。しっかり練るとピンク色だった肉が白っぽくなってきますので、それが目安です。お肉に粘りが出てきて、まとまったらOKです。

自宅で作る楽テク

練る時のコツなんですけど。棒立ちで、腕だけで練っているとすごく疲れます。なので、まず腰を落とす。ボウルをしっかり握る。混ぜるときに腰を入れるんです。すると、腕に負担をかけずに練ることができるんです。

ちゃんとお肉を練ったでしょうか。そしたらニンニクとショウガを入れて、ウニウニと混ぜていきます。容器に残っているニンニクやショウガは肉でぬぐうときれいに使い切れますよ。

なぜおいしくなるの？

餃子などの点心に関しては、炒めものと違ってショウガやニンニクの香りがより直接出やすいんですよ。ここはがんばってなるべく生のもの、フレッシュを使用しましょう。

刻んだ野菜たちを入れます。お肉と白菜で1:1の比率ですね。さらにニラとネギも入れる。混ぜ方がポイントです。「お肉の中にお野菜を練り込ませる」イメージで、ゆっくり混ぜてください。ガッと急いで混ぜると、野菜から水が出てきてしまいます。「ホントは混ぜたくないんだけど、いちおう仕方なく混ぜる」という感覚です。具材が均一になれば、それでオッケーです。

最後、ごま油を入れてさっくり混ぜます。できあがったアンコは冷蔵庫に30分くらい寝かせましょう。こうすることで味がまとまって、握りやすくなります。手の温度でお肉がダレてる状態でしたが、冷やして1回シメてあげることで握りやすくなるんですね。

餃子を握ります。餃子の皮を持っているお手々の真ん中にくぼみを作り、そこにアンコを埋め込んであげるイメージです。餃子のアンコの量は、この方法でだいたいそろえることができますね。

自宅で作る楽テク

もしも焼き餃子ではなくて水餃子をつくりたかったら、ちょっとアンコを少なめにして握りましょう。水餃子は皮を食べるものなのでアンコが少なめの方がいい食感になると思います。

アンコは真ん中には乗せないで、ヒダをつくる側の皮を長めに余らせておきます。真ん中にアンコを乗せてしまうと、餃子を握るときに皮の余り方が片寄ってしまうんです。完成したときのバランスをとるために、真ん中から少しずらすようにしてのせます。

皮 を余らせているので、 つまんでいくとたるみが できますよね。 それをキュッと押す。 道具は餃子用のアンベラでもいいですし、 スプーンでもかまいません。 これを繰り返せば綺麗な形の餃子になります。 餃子を握り終わったら、 いよいよ焼きに入りましょう。

サ ラダ油大さじ1を引いたフライパンを火にかけて、 餃子を並べていきます。 きれいに丸く並べると、 お皿にあけたときにかっこいいですよね。 水100cc（分量外）を入れたらすぐにフタをして、 蒸し焼きにします。 まずは中火で7分です。

火加減レベル　　中火　　　　　　　●●●●

さ て、 そろそろ7分経ちました。 餃子の皮が乳白色の半透明になっているはずです。 プルプルです。 さて、 餃子の表面に美しい焼き目をつけるために、 ここに差し油をします。 けっこうたっぷりめにいきますよ。 そしたら、 ここから一気に強火にしましょう。 強火で焼いて、 表面に焦げ目をつけるんです。

火加減レベル　　強火　　　　　　　●●●●

最 後に、 まんべんなく表面がキツネ色になるように強火で焼きあげます。 フライパンを回しながら焼いてあげると、 餃子全体が抵抗なくスルスルと滑るようになりますね。 匂いを感じながら、 餃子の表面が焦げつく手前まで焼けたら完成です。

火加減レベル　　強火　　　　　　　●●●●

焼卖

肉汁ジュワーの絶品焼売

うまみ充満のアンコがギュッと詰まったおいしい焼売のポイントは3つです。
計量をしっかり・玉ねぎの下ごしらえ・焼売は「包む」ではなく「握る」。
蒸し上がった焼売は冷凍保存できますので、たくさんつくってストックしましょう。

材料
(50個程度)

◉豚バラブロック　500g	◉卵　1個	◉ごま油　20g
◉醤油　60g	◉干しシイタケ　50g	◉焼売の皮　50枚程度
◉塩　12g	水（分量外）で戻しておく	
◉砂糖　30g	◉ラード　10g	
◉酒　15g	◉玉ねぎ　500g	
◉生姜のすりおろし　5g	◉片栗粉　60g	

玉 ねぎから切っていきましょう。 水分を切る時間がかかるんです。 あまり細かくしすぎない。 こういう粗みじん切りを中国語だと「ソン」っていうんです。 「鬆」と書きます（※ P125 参照）。

なぜおいしくなるの？

点心はとにかく計量が大事なんです。いったん蒸したりして調理してしまうと、後から味の調整ができないからです。

ボ ウルの底にペーパーを敷いて、 切った玉ねぎの水分を吸ってあげます。 でないとベチョベチョになりやすいんですね。 こうしてペーパーでくるんで、 しっかり水気を取っておきます。 新玉ねぎは水分が多いのでおすすめできませんが、 もし新玉ねぎでつくる場合は、 念入りに水分を吸っておいてください。

肉 を切ります。 これは豚バラのブロックですが、バラでも肩でもいいですよ。 鬆（ソン）に刻んでから、 ちょうど500gを量ります。 脂身が多いと蒸し上がった焼売がスカスカしちゃうことになりますが、脂身がおいしいことも事実。 バランス良く使ってください。

自宅で作る楽テク

ひき肉を使う場合は、なるべく粗挽きのほうがいいです。 そして牛のひき肉は焼売にするとちょっとパサパサしちゃうので、 豚がいいですね。

肉を練っていきます。粘りを出したいので、肉を練る前に調味料を入れてしまいます。まず粉ものから。塩12g、砂糖30gを入れて、軽く混ぜます。次に生姜のすりおろし5g、酒15g、醤油60g。入れたら、しっかり混ぜましょう。滑りやすいので、ボウルの下に濡れタオルを敷いておくといいですよ。

次に卵を割って入れます。そして腕だけで練ると疲れてしまうので、腰を入れて力強く練って肉に粘りを出してください。肉の色が白っぽくなるまで混ぜていきます。後からこれと同量の玉ねぎを入れますので、この段階でお肉に下味をしっかり染み込ませておかないといけないんですね。

お肉に粘りが出て白っぽくなってますね。そしたら末（モォ）に切っておいたシイタケを50g入れます。これでうまみが出ますよ。そしてラード10g。これを1分弱練り回すと、こんな感じになります。手の熱で脂が温まっていたらダレてしまって握りにくいので、その場合は冷蔵庫で冷やしておきましょう（※モォ：P125参照）。

肉を冷ましている間に、玉ねぎの下処理をします。練ると組織が壊れる。塩分が入ると浸透圧で水が出てくる。これを防ぐために、片栗粉をまぶします。玉ねぎ500gに対して片栗粉は60gが目安なんですけど、いちどに全部入れずに「手にくっつかなくなる状態」を目指して少しずつやってみてください。

お肉と玉ねぎを混ぜます。コツは「玉ねぎのボウルにお肉を入れる」。こうするとボウルの下にお肉が張り付かないから、少ない手数で混ぜられるんです。水が出ちゃうので、あまり玉ねぎをつぶしたくないんですね。最後に香り付けのごま油20gをそっと混ぜます。はい、これでアンコ完成です。平たくして冷蔵庫で冷まします。

焼売は、包むのではなく「握る」んですよ。ひとつ30gで握ります。食べやすくて火の通りもちょうどよくなります。手をお椀型にして、皮の真ん中にヘラでアンをつっこんで握る、回す。これでおおまかにまとめます。

アンベラを抜き取ったら、人差し指と親指のOKサインで直径を決める。握ってアンコがニューっと出てきたのをヘラで上から押す。回す。握る。この繰り返しです。握って出てきた肉をギュッと詰めて密度を上げていく。肉が詰まってるとおいしいし、崩れないんです。だから「包む」ではなく「握る」なんですね。

なぜおいしくなるの?

焼売ってどうしてもアンが沈んでいってしまうんですが、握る部分にくびれをつくることで形を保てるんです。

蒸す場合は、蒸籠で10分です。もちろん蒸し器でもできますよ。それから、焼売をフライパンで焼いて、焼き焼売にするのも楽しいですよ。フライパンにサラダ油をひいて、温まってから焼売を並べ、油がパチパチ鳴ったくらいで水を入れます。跳ねやすいので注意してくださいね。焼き焼売の場合は、フタをして中火で5分くらい焼いたら完成です。

火加減レベル　　中火

酸辣湯麺 酸っぱ辛いがクセになる サンラータンメン

シンプルでド定番な熱々の酸辣湯麺。胡椒の辛みと
酢の酸味のバランスがおいしくて、とろみをつけたスープが特徴です。
おうちでも間違いなくつくれるレシピです。

材料 (2人前)

◉ロースハムスライス　2枚	◉ボイルチキン　50g	（※豆苗や水菜で代用可）	◉醤油　大さじ7（105g）
◉木綿豆腐　100g	◉玉子　1個	◉花椒　量はお好みで	◉水溶き片栗粉　15g（水15cc）
	◉長ネギ　1/3本	◉水　800cc	◉酢　大さじ5
	◉キクラゲ　7〜8枚（※ほかのキノコ類でも代用可）	◉鶏ガラ中華スープの素　4g	◉自家製ラー油　大さじ1
	◉香菜（パクチー）　量はお好みで	◉塩　小さじ2.5（6g）	（※P68参照）
		◉ホワイトペッパー　小さじ2（3g）	◉中華麺　2玉

1　水を800cc沸かしておきます。ここに鶏ガラスープの素を4g（ラベルに書いてある分量を使う）。塩小さじ2.5。ホワイトペッパー小さじ2。醤油大さじ7。スープが濁っちゃいますから、なるべくグツグツ沸かさないほうがいいです。この段階ではまだお酢は入れません。風味が飛んじゃいます。

火加減レベル　中火 ❙❙❙❙

2　具材を入れます。ハム、キクラゲ、ボイルチキン。豆腐は崩れてしまうので後で入れます。具材はすべて絲（※スー：P124参照）。酸辣湯麺ってとろみがついたスープが特徴なので、具を大きく切ると麺と具が別々になりやすい。大きさをそろえてあげることで、麺に具材が絡みやすくなるんです。

火加減レベル　中火 ❙❙❙❙

5　水溶き片栗粉でスープにとろみをつけてから卵を入れることで、卵が散らばらずに、ふんわりとしたかきたまになるんです。この順番にはわりと重要な意味があるんですよ。

6　お酢は最後に入れます。煮詰めると肝心の酸味が飛んでしまうので、最後の段階で入れるんです。量はお好みでアレンジしても大丈夫です。黒酢を入れたりしてもいいでしょう。ここで最後の味見をしましょう。

火加減レベル　中火 ❙❙❙❙

3　スープが沸いてきたら、表面のアクを取ってあげてください。エグみになってきます。豆腐をそっと入れて味見します。豆腐から水が出て味が薄まるので、この段階で味見をするんです。そしたらいちど火を止めて、水溶き片栗粉をゆっくり混ぜながら入れます。

火加減レベル　中火 ❙❙❙❙

7　中華麺を製品の指示通りに茹でて、どんぶりによそいます。中華麺は中太がおすすめです。湯切りをちゃんとやると、味わいが違ってきますよ。

火加減レベル　中火 ❙❙❙❙

> この時点での味はちょっと濃いめでオッケー。あとでけっこうな量のお酢が入るので味が薄まるんです。「やべ、味濃いかも」って不安にならないでくださいね。ちゃんと計算され尽くしたレシピなんですから。

4　片栗粉15g、お水15cc。この1：1の固さがベストです。お豆腐が崩れてスープが濁っちゃわないようにやさしくかき混ぜます。

8　麺を入れたどんぶりに、スープを注ぎます。このときいちど、麺をゆっくり持ち上げてから下ろすと盛り付けがきれいになります。みじん切りのネギと香菜をトッピングして、自家製ラー油（※P68参照）を好きなだけ回しかけ、花椒をふりかけたら完成です。

肉味噌乌冬面 辛さとシビれの肉味噌うどん

肉味噌ストックがあれば簡単にできる、麻辣肉味噌うどん。
見てるだけでビリビリに痺れるビジュアルが強烈です。
うどんは温かくも冷たくもできるので、季節を問わず、いつでもおいしく食べられます。

材料 (1人前)

◎油　大さじ3
◎唐辛子（ホール）　15g
◎花椒（ホール）　3g

◎豆板醤　40g
◎ニンニクチューブ　10g
◎ショウガチューブ　20g
◎肉味噌（※P38参照）　200g
◎一味唐辛子　15g
（※ただし、好みによる）

◎甜麺醤　30g
◎鶏ガラ中華スープ
（※粉末を水煮溶かしたもの　200cc）
◎砂糖　5g
◎醤油　小さじ1（5g）
（※味見してから、お好みで）

◎水菜　1束
◎冷凍うどん　1玉
◎自家製ラー油
（※P68参照）　お好みで適量
◎花椒（パウダー）　お好みで適量

切りものは水菜だけなんで、まずは食べやすい長さにざっくり切っておきます。水にさらしてから、こうやってグルグル脱水すると、さらに食感がよくなりますよ。

肉味噌を麻辣でつくります。油を大さじ3。多めに入れます。肉味噌を入れる前に最初に香りをつくっておきたいんです。油の中に花椒と唐辛子。麻と辣ですね。まず弱火で点火します。油はまだ透明ですよね。焦がさないように。これがいい感じの黄色になってきますよ。

火加減レベル　弱火 ▮▮▯▯

そしたらいちど火を止めて。ニンニク10g、ショウガ20g、豆板醤40gを入れたら火を点けます。弱火でじっくり炒めてください。豆板醤に火を通して、色と辛みを出していきます。ニンニクとショウガは生っぽくならないように。

火加減レベル　弱火 ▮▮▯▯

肉味噌（P38参照）を200g入れます。甜麺醤30g、一味唐辛子15g。これはけっこう辛いので、辛すぎるのがダメな人は半分くらいにしてください。僕はこれくらいが大好きです。なじむまで炒めましょう。

火加減レベル　弱火 ▮▮▯▯

ガラスープを200cc入れます。そして砂糖を5g。味見して、味が薄かったら醤油を足すんですけど、ここでは薄めにつくってほしいんですね。煮つまったら濃くなるので。いまシャバシャバじゃないですか。これをグツグツ煮つめていくわけです。砂糖や甜麺醤の糖分でもとろみがつきます。

火加減レベル　中火 ▮▮▮▮

煮つまったら肉味噌のつぶつぶが見えてきましたね。かなり汁気が飛びました。煮つめますけど、汁気がなくなるまではまだ煮つめないんです。ここで火を止めて味を見ましょう。甜麺醤の糖分に辛みの要素がどっさり入ってるんだから、複雑な味付けですよね。これで麻辣味噌ができました。

火加減レベル　中火 ▮▮▮▮

うどんは冷凍のやつをレンジでチンします。乾麺でも、生の茹で麺でも、お好きなものを使っていただいてかまいません。

盛り付けます。うどん、肉味噌、水菜、仕上げにお好みで自家製ラー油、花椒の粉を最後にふりかけます。これで完成です。あったかいままはもちろん、夏場は冷たくしてもおいしいですよ。

担担面

ピリ辛と深い旨味の二重奏
担担麺

担々麺の「担」は担ぐの「担」。四川省の担々麺が汁なしなのは
昔、食材や炭火を天秤棒で担いで移動販売していたからといいます。
陳建民氏が広めたとされる日本式の汁あり担担麺を、肉味噌ストックでつくりましょう。

材料 (1人前)

◉長ネギ　20g	◉チキンパウダー　2つまみ（2g）	◉練りごま　大さじ4	◉細切り唐辛子　適量
◉ザーサイ　適量	◉すりごま　大さじ1	◉鶏ガラ中華スープ	◉自家製ラー油　適量（※P68参照）
◉塩　2つまみ（2g）	◉酢　大さじ1/2	（※粉末を水に溶いたもの）250ml	◉肉味噌　30g（※P38参照）
	◉醤油　大さじ2	◉中華麺　1玉	
	◉山椒粉　小さじ2	◉もやし　20g	
	◉合わせ味噌　小さじ1/2	◉豆苗　20g	

1

切りものは豆苗。サクッといきます。豆苗は最後にもやしといっしょにボイルします。あと、ザーサイは細かく刻んでください。末（モォ）ですね（P124参照）。

スープをつくります。どんぶりの中でパッパッパッてやっちゃっていいです。中国の麺屋さんはこの投げ入れ方式が多いんですよ。お塩をふたつまみ。2gですね。チキンパウダーをふたつまみ、2g。すりごま大さじ1。お酢大さじ1/2。醤油大さじ2。花椒の粉、小さじ1。なければ日本の山椒でもいいです。

2

自宅で作る楽テク

4人前とか、もしくたくさんつくるんであれば、ひとつのボウルにつくって4等分するとかでかまいません。

3

隠し味として、合わせ味噌を小さじ1/2。これがコクになります。ネギのみじん切り、ザーサイのみじん切りも入れておきます。味噌とザーサイがコク出しになりますから、これはぜひ入れてほしいです。

練りごまは大さじ4。これ重要です。けっこうたっぷりめに入れます。濃厚な白ごま担々麺にしたいので。黒ごまペーストを入れると黒ごま担々麺になります。

なぜおいしくなるの？

シャバシャバな汁あり担担麺より、濃厚スープタイプの方が僕は好きですね。おいしい具材がゴチャゴチャと入ってる、ゴロゴロと濃厚なやつ。それを自宅で再現できるようにしましょう。

5

合わせ調味料ができました。スープや麺の前にお野菜をボイルしておきます。麺を茹でるお湯でやっちゃっていいです。沸いたところにもやしと豆苗を入れます。トッピング野菜なのでサッと、だいたい20秒くらいですね。お野菜がしんなりしたらオーケーです。ちょっとよけておきましょう。

自宅で作る楽テク

野菜は、麺といっしょに茹でると取り出すのが面倒くさいと思うので、麺を茹でる前にボイルして引き上げておくのがベターでしょう。

6

同時進行で、250ccの鶏ガラ中華スープを沸かしておきます。ガラスープを合わせ調味料を入れておいた器に注いで、箸でかき回す。味噌とごまペーストが固まってますんで、よく溶かしてください。

自宅で作る楽テク

麺を茹でるのと同時に進められるのがベターですけど、コンロが1口の場合はスープを先に沸かしてラップして保温ですね。

7

麺は、袋に指定されている時間で茹でてください。茹で上がったらしっかり湯切りしましょう。どんぶりに入れた麺は1回持ち上げて、スッと畳んであげるようにすると、きれいに盛れますよ。

8

ここにさきほどのお野菜をのせて。肉味噌を上から、こぼれるくらいに盛り付けます。さらに自家製ラー油をひと回しかけたら、仕上げに細切り唐辛子を飾って、完成です。

四川料理って、本当に奥が深い調理技法なんです

▶四川に旅行に行った時の思い出の写真。四川には、できるだけ毎年旅行に行くようにしています。

本場の四川料理の味に衝撃を受けた

　僕も仕事を始めるまでは四川料理というものをそもそも意識したことなくて「中国料理のひとつ」という感じでいたんですね。仕事を始めてからは、師匠がいろんな料理を教えてくれたり、いろんなお店で食べ歩きしたりもしたんです。四川料理について興味を持ち、たくさん勉強したつもりだったんですけど、それでも初めて中国に行ったときにすごく衝撃を受けたんです。

　知らない料理ばっかりで、なにを食べても新しい発見と衝撃の連続でした。麻婆豆腐、辣子鶏、回鍋肉などの四川料理の定番とされているものを本場で食べたら、知っているものとはまったく違う別のおいしさがあったんです。

　汚いお店だけどめちゃくちゃメシがうまいとか、とんでもないレベルの高級店とか、いろんな体験ができ、上も下も見れる大陸の壮大な空気に衝撃を受けました。

　さらに食材の買付けにも行かせてもらうようになると、花椒にもいろんな種類があることとか、何十種類もある唐辛子を料理によって使い分けていることを知ったわけです。そういうことも日本では知り得なかったことなんです。日本で食べ歩いたり、料理を作る経験があったからこそ、四川料理の奥の深さをちゃんと感じることができたんだと思います。

四川料理の特徴は

　四川料理は、ほかの中華と比べて使う調味料の数が多いかもしれないです。唐辛子だけでも色味や形はもちろん、香りや辛さの違うものが何種類もありますし、料理によってさまざまなスパイスを使い分けているんですね。

　麻婆豆腐がいい例で「おいしくない豆腐とおいしくない肉でどうやっておいしく料理するか」ってところで、豆板醤を使ったり、肉味噌をつくったりね。わざわざ「肉味噌」という料理を別につくってから、という手間のかけ方が四川料理のすごいところだと思いますね。四川料理は辛いだけじゃないんですよね。

四川料理ってなぜ辛い?

　四川省は盆地で湿度が高いので、暑くても汗をかきにくいというところで。そこで、辛いものを食べて発汗作用を促して、代謝をよくさせようというところから始まってるんですね。ただ、中国に唐辛子が入ってきたのが400年前、コロンブスの新大陸発見以降の話ですから、じつは比較的新しい食材なんです。いわゆる「中国4000年の歴史」からすると、たった10分の1なんですよね。もともと四川省に自生してた花椒のシビレ、麻の味に唐辛子の辣が入ることで麻辣という四川独特の味が生まれたんですね。

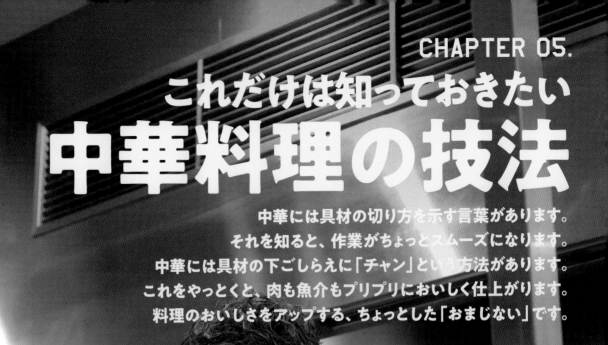

これだけは知っておきたい
中華料理の技法

中華には具材の切り方を示す言葉があります。

それを知ると、作業がちょっとスムーズになります。

中華には具材の下ごしらえに「チャン」という方法があります。

これをやっとくと、肉も魚介もプリプリにおいしく仕上がります。

料理のおいしさをアップする、ちょっとした「おまじない」です。

これだけは知っておきたい「中華料理の技法」

基本の切り方

（ピェン・スー・モォ・ソン・クァイ・ディン）

料理で使う食材の切り方は世界共通。 それを中国ではどういうのか。
知らないとできないわけじゃないけど、 知っておくと「話が早い」。
たとえば青椒肉絲という名前は「素材＋切り方」のことなんですよ。

片
【ピェン】

いわゆるスライス、薄切です。 火の通りや求める食感によって厚さを変えます。 もっと細く切りたい場合の最初の切り方。 細切りもみじん切りも、 まずは「片」に切ってから。

白菜やキャベツなどの葉物は、 ただ垂直にバンバンと切っても薄くなるだけ。 厚い部分や芯を「斜めにそぎ切りにする」ことで、 さらに食べやすくすることができます。 火の通りもよくなりますね。

肉の片です。 中華では塊肉から薄く肉を切り出すことがあります。 食べごたえのいい厚めの片か、 さっと火が通る薄い片か、 メニューによって厚さを変えましょう。 包丁の重さを利用するときれいに切れます。

食材を切る目的は食べやすいサイズにするか、 火が通るようにするため。 さらに、 香りが出やすいようにという理由もあります。 芽ニンニクを斜めにそぎ切りにすると断面が大きくなって香りを強く出すことができます。

絲
【スー】

繊維に沿って糸のように細く切るという意味です。 和食だと、いわゆる「千切り」ですね。 方法としては、 片に切ったものをさらに細く切っていきます。 青椒肉絲の「スー」ですね。

青椒肉絲の具材はすべて絲に切ります。 大きさをそろえることで火の通りがそろい、 味のムラもなくなります。 太さとしては「マッチ棒サイズ」が目安ですが、 長さもそろえるとおいしさがアップします。

肉の絲です。 スライスで売られている肉を凍らせると、 クニュクニュしないので細い形に切りやすくなります。 たとえばこれくらいの細切りだと麺に絡みやすいですよね。 イメージしやすいのは冷やし中華のハムですね。

和食でいう「針ショウガ」も絲に近いですね。 風味づけや薬味として使うショウガ、 ネギなどは、 香りが出やすく箸でつかみやすい絲に切ることが多いです。 薄い片に切ってから、 できるだけ細く絲にします。

末
【モォ】

みじん切りです。 片→絲の順番で切って、 最後に細かくみじん切りにすると「末」に。 香りと味を出すための切り方です。 料理によっては、 すりおろしを使うよりもおいしくなります。

ショウガを末に切る場合です。 まずは薄く片に切ります。 片の厚さがそのまま末の大きさに影響します。 このときに元のショウガを四角く切っておくと、 片にしたときのサイズがそろうので最後まで扱いやすくなりますよね。

片に切ったショウガを並べて絲に刻みます。 これを束ねてみじん切りにすると末になります。 ちなみにネギのように層になって分かれている食材は、 切れ目を入れてから小口切りするだけで末にすることができます。

絲に切ったショウガを束ねて末に刻みます。 さらに包丁で叩き続けると、 香りがもっと出て、 舌触りもなめらかになります。 すりおろしショウガは繊維が残るので、 手間をかけた分だけおいしくなってくれるんですね。

鬆

【ソン】

末よりも大きめなみじん切りです。粗みじんよりはちょっと小さい。餃子や焼売などのアンコに使います。具材の大きさをそろえて、火が通りやすく、かつ食感も残したい場合ですね。

タマネギは皮が重なった構造をしていますので、繊維を断ち切る方向に包丁で切れ目を入れてからスライスするだけで、鬆になります。皮の厚みがあるので、ちょうど一片が鬆のサイズになりますね。

肉を鬆にする場合は、粗めに絲にしてから刻みます。包丁に肉が張り付いてくるので、包丁を寝かせて切り終わった肉に肉をくっつけるようにします。切っている場所が見えなくなると危ないので、安全のためでもあります。

青ネギ、ニラ、いんげん豆などの細い野菜は、みじん切りにするだけで鬆になります。いろいろな具材を鬆に切って大きさをそろえることで混ぜやすくなり、火の通りも味の付き方も同じようにできます。

塊

【クァイ】

ひと口サイズのぶつ切りが塊です。文字通り、塊に切ります。カレーの具のサイズ、からあげの肉のサイズというとイメージしやすいのでは。メイン具材を切る場合によく使います。

ナスを塊に切っています。斜めに切った断面を上に向けて、また斜めに切る。カレーの具材のような食べごたえのあるサイズに切ります。火が通り、味が入るように皮を少しむいたりする細工もしていますね。

肉の塊です。肉汁が逃げずにジューシーに仕上がります。中華料理は和食同様、肉をナイフで切らずに箸で食べるものなので、メインの具材はひと口サイズにしておく方が、都合がいいんですね。

キノコやブロッコリーのように形が難しいものも、ひと口サイズに切れば塊です。ブロッコリーの芯のように固くて火が通りにくいものは、隠し包丁として切れ目を入れておくとおいしく仕上げることができます。

丁

【ディン】

サイの目切り、角切りです。お味噌汁に入れる豆腐やサイコロステーキのイメージです。宮保鶏丁という料理の名前の丁は「丁に切ったもの」という意味ですね。

麻婆豆腐の豆腐はサイの目に切るのが定番ですね。火鍋に入れる豆腐はもっと大きめの角切りにします。両方とも切り方は「丁」なんですけど、料理によって大きさが変わってきます。見栄えが良くなる切り方ですね。

肉も丁に切ります。柔らかく不定形なので「角切り」という言い方ではしっくりこないのですが、丁というと「ああ、あのサイズね」と理解できるので、ちょっと便利ですよね。味が染み込みやすく、食べごたえがあります。

宮保鶏丁の具材はすべて丁に切ります。薄いピーマンも、丸いネギも、フニャフニャの鶏肉も丁です。カシューナッツの大きさに合わせて角切りにすることで料理の食感や味のつき方を整えることができるんですね。

食材の切り方には狙いがあります

大きさをそろえる

食材の大きさをそろえることで、火の通り、味の濃さ、食感を調節します。そのうえで、火の通りが早いものの加熱時間を短くしたりして、調理の段階でコントロールし、できあがった料理の完成度が高くなるようにするのです。

香りを出す

香味野菜などは断面が多いほど香りが出やすくなります。しかし食感などの問題で小さくできない場合は、斜めに切ったりすることで断面積を増やし、食材の持っている香りの成分をさらに引き出すことができるのです。

食感をつくる

塊に切ったものは口に入れたときに食材の歯ごたえと素材の味が十分に楽しめます。薄い片に切ればタレの味とのハーモニーが強めに感じられます。具材の大きさをそろえると、料理全体を同じ食感でまんべんなく味わうことができます。

おいしさの ひみつ 「チャン」の やり方を知ろう

肉や魚介などの具材は熱を通すと固くなったり縮んだりしますね。
それを防いで、 具材を歯ごたえ良く、 おいしく仕上げるための
下ごしらえが、中華独自の「チャン」。 下味をつけて、卵で包みます。

肉 を「チャン」する場合

様子を見ながらチャンすると、肉に卵液が吸い取られていきます。 触った感じもトゥルンとしてきますよ。 きちんと肉に全量を吸わせることで、調理したときに食感が良くなります。 卵液が多すぎると「卵とじ」みたいになっちゃいますから要注意ですよ。

少量の料理酒と醤油を入れて、 さらに全卵の溶き卵を入れてやさしくもみます。 豚肉の場合は肉100gに対して全卵40gが目安です。 肉に下味をつけながら、 卵を吸わせてプルプルの食感にすることが目的です。

肉に卵液を吸わせたままだと戻ってきちゃうので、 ここで片栗粉をひとつまみ〜小さじ2くらい入れて、 水分を止めます。 火を通すと片栗粉のとろみもできますし、 水分が染み出してきたりもしません。 とろみを強めたい場合は片栗粉を多めにしておきます。

豚肉や牛肉のチャンは、 肉に卵液を吸わせるものです。 そのため、 卵液は2、3回にわけて入れます。 一度に全部入れると肉がびっくりして吸いが悪くなっちゃいます。 卵液を半分入れて、 もんで吸わせてから、 もう半分を入れるくらいのペースでやりましょう。

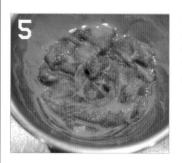

片栗粉のダマが残らず混ぜ終えたらチャン完了です。 ちなみに鶏肉は卵液を吸わないので、 肉に「まとわせる」感じでチャンします。

生エビは「チャン」の前にしっかり洗おう

殻をむいたエビに塩と片栗粉をひとつまみずつ入れて、軽くもみます。エビがちぎれないように、優しくやりましょう。

塩で水分を出し、片栗粉で汚れと水分を吸い取るイメージです。もみ終わったら、水ですすぎます。

ササッと洗うと、こんな感じで水がにごりますね。この水がきれいになるまですすぎを繰り返しましょう。

エビがだいぶ白くなってきたのがわかりますか。このひと手間で、グッとおいしくなるんですよ。

洗い終わったらペーパータオルでくるんで水気を吸います。殻剥き冷凍エビの場合は必要ない作業です。

魚介
を「チャン」する場合

下味を入れると同時に、卵白で衣をつけるようにもんでいきます。具材全体をくるむようなイメージで行ってください。ちぎれたりしないようにやさしくもみましょう。

魚介の場合のチャンは、塩ひとつまみとコショウ少々で下味を入れて、卵白で揉みます。これは魚もエビも同じです。火を入れても水分が逃げたり縮んだりせずに、食感がプリプリ、プルプルと仕上がります。

そのままだと卵白がはがれたり、身から水が出てきたりするので、片栗粉で身に卵白をまとわせます。小さじ2くらいが目安です。粉が入ることで、揚げ物の衣に似てきますね。

肉は全卵でしたが、魚介は卵白だけでチャンするのがポイントです。肉のように卵液を吸わないので、衣をまとわせるイメージです。塩コショウで下味をつけた魚介の身を、卵白でコートするって感じですね。

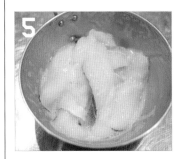

片栗粉と卵白の衣で具材がくるまれたら、チャンの完成です。写真くらいのしっとりした感じを目指してください。スープにとろみを出したいメニューの場合は、片栗粉を多めにしてみましょう。

四川料理のスゴい人

自宅でつくる

本格中華レシピ

人長良次

GENIUS OF SICHUAN CUISINE

2021年6月1日 第1刷 発行
2024年2月1日 第3刷 発行

【著　者】	人長良次
【発行人】	塩見正孝
【編集人】	及川忠宏
【発行所】	株式会社三才ブックス

〒101-0041 東京都千代田区神田須田町2-6-5 OS85ビル3F

☎03-3255-7995（代表）FAX03-5298-3520

https://www.sansaibooks.co.jp/

【問い合わせ】	info@sansaibooks.co.jp
【印刷・製本】	図書印刷株式会社
【協　力】	株式会社リクルート

STAFF

【企画・編集】	三宅大介（株式会社モジラフ）
【構成・文】	鷲谷憲樹
【撮　影】	平山訓生
【カバーデザイン&本文アートディレクション】	（Ya）matic studio
【本文レイアウト】	山本和香奈+（Ya）matic studio
【コーディネイト】	前田志穂
【スタイリング】	蔵瑞千春
【撮影協力】	リバヨンアタック／株式会社バルニバービ

●本書は、食のWEBマガジン『メシ通』で連載されている「四川料理のスゴい人」の内容を
加筆・修正し、さらにオリジナルのレシピも加えたものです。

●『メシ通』は、食レポやレシピ、著名人インタビューなど、
食に関する情報を平日はほぼ毎日更新する、ホットペッパーグルメのオウンドメディアです。
https://www.hotpepper.jp/mesitsu/